이래 봬도
카페 사장
입니다만

바들바들 도전하는 카페 창업의 모든 것

# 이래 봬도 카페 사장입니다만

초판발행  2019년 11월 8일
초판 2쇄  2020년 2월 10일

지은이  김경희
펴낸이  채종준
기획 · 편집  조가연
디자인  서혜선
마케팅  문선영

펴낸곳  한국학술정보(주)
주  소  경기도 파주시 회동길 230(문발동)
전  화  031-908-3181(대표)
팩  스  031-908-3189
홈페이지  http://ebook.kstudy.com
E-mail  출판사업부 publish@kstudy.com
등  록  제일산-115호(2000. 6. 19)

ISBN  978-89-268-9678-5  13320

바들바들 도전하는
카페 창업의 모든 것

# 이래 봤도 카페 사장 입니다만

김경희 지음

이담
Books

다음 문을 선뜻 열기가 두려워지는 마흔에 임박한 나이에 지금까지 한 번도 해보지 않았던 자영업, 더군다나 카페 공화국에서 카페 창업에 도전했다. 용기를 내어 활짝 연 문 너머엔 이전과는 전혀 다른 삶이 기다리고 있었다. 세상일이라는 것이 다 내 맘 같지 않고 만만치 않긴 하지만, 이 낯선 길도 걷다 보니 점점 익숙해지고 있다. 녹록지 않은 여건과 환경에서도 어느새 스스로 토닥이며 잘 버텨나가고 있다. 카페를 창업하고 나서 나는 왠지 전과는 다른 사람이 된 것 같다. 직업과 환경이 변하면서 행동반경도 무척 좁아졌다. 성격도 가치관도 카페를 운영하기 전과는 참 많이 변했다. 나이가 들어서 그런 건지 카페 사장이 되어서 그런 건지, 아니면 모든 게 복합적으로 이루어져서인지 모를 일이다. 가장 신기한 것은 내가 지금 카페에 대한 책을 쓰고 있다는 것이다.

나와 비슷한 이들에게 희망을 주고 마음만이라도 함께하고 싶어 책을 쓰기로 했지만, 내가 알려주는 것들이 카페를 잘 버티게 하는 데 과연 도움이 될까 하는 생각이 든다. 이 시대의 자영업이 워낙 힘든 일이니 '이대로만 하면 괜찮다고 말해주는 것이 과연 해답일까'라는 고민도 뒤따랐다. 사실 지금도 무엇이 답인지 잘 모르겠다. 장사라는 것이, 다 주인이 기대한 대로 나아갈지 아닐지는 뚜껑을 열어봐야 아는 것이니 말이다. 다만 세상 모든 일들엔 시간이 필요하고, 기본을 지키는 마음과 진심을 다하는 마음이 결국 모든 일의 바탕이 되는 것이라고 말하고 싶다. 그 이후는 '카페 사장님'이 해나가기 나름이다.

커피와 관련된 지식은 알면 알수록 새롭다. 지식이 쌓일수록 커피는 더 복잡하고 어려운 것임을 깨닫게 된다. 예민한 나처럼 커피도 무난하지 않다. 카페를 운영하다 보니 이론으로 배운 것과 실전에 간극이 있었다. 그래서 몸소 느꼈던 시행착오도 이 책에 진솔하게 털어놓았다. 개업한 지 만 3년이 조금 넘은 카페 사장이 꽤나 아는 체한다고 생각할지도 모르겠다. 조금 아는 것을 탈탈 털어 이야기를 하다 보니 다분히 주관적일 수도 있다.

벌써 카페를 개업하고 네 번째 가을을 맞았고, 그렇게 나는 4년 차 카페 사장이 되었다. 다행히 매출은 조금씩 상승 중이다. 카페의 단골손님도 서서히 늘고 있다. 커피는 무조건 맛으로 승부해야 한다며 원두 선별을 위해 동분서주 사전조사를 하고, 커피 관련 자격증을 5개나 취득하느라 오픈을 두 달이나 미뤘던 것들이 새삼 떠오른다. 결과적으로는 나의 의심과 결정 장애와 예민함이 카페 창업에 도움이 되었다. 신경쇠약이었던 그때를 회상하면 슬쩍 미소가 나온다. 또한 이렇게 하루하루 바들바들 버텨가고 있음에 스스로를 토닥인다.

오늘도 카페 오픈 전, 에스프레소 추출 컨디션을 체크하며 어디에 변수를 줄 것인지를 정해본다. 추출 컨디션과 커피 맛을 조절하는 요인은 많다. 분쇄도에 따른 추출 컨디션, 이산화탄소가 많이 빠지지 않은 원두와 조금 더 빠진 원두의 차이, 탬핑 압력 차이에 따른 추출 속도와 에스프레소의 맛, 로스팅 단계에 따른 원두의 차이까지. 이 모든 내·외부적인 요인과 그날 날씨에 따른 원두의 컨디

선과 내 기분에 따라 커피의 맛이 달라진다. 이것을 안다면 그래도 커피를 좀 아는 사람이다. 나와 같은 길을 걸어갈 이들이 나보다는 좀 더 많은 것들을 안 상태에서 창업을 준비했으면 좋겠고, 이 책을 읽고 편안한 마음으로 차근차근 준비하는 데 도움이 되길 바란다.

since 2016

CAFE 7번길

# 목차

## PART 5

# 하루하루
# 버티는
# 카페 사장의
# 일상

CAFE
7street

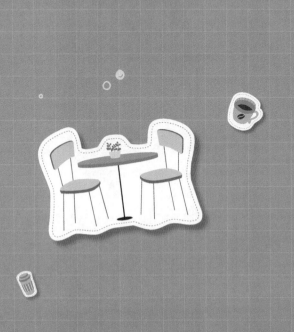

PART
01

바들바들
개인 카페에
도전하다

# 퇴사 후 카페 사장이
# 되기로 결심하다

　퇴사한 지 3개월 정도가 지났을 무렵, 생각을 정리하기 위해 제주도로 훌쩍 떠났다. 카페 인테리어를 시작하기 한 달 전이었다. 마음의 결단을 내리기 위해 떠난 제주도는 도착한 다음 날부터 비가 왔다. 나는 비가 부슬부슬 오는 산길을 걷기 시작했다. 그렇게 열흘 동안 제주도를 계속 걸었다. 6년 만에 걷는 첫 올 레길이라 설렘이 가득한 채 출발했지만, 그날은 미스터리 공포영화를 찍는 듯 했다. 여름 휴가 직전의 초여름이라 그런지 다른 사람들은 모두 차로 이동하는 것인지 6년 만에 온 제주도는 걷는 곳마다 나 혼자였고 음침했다. 인적이 없는 길을 걸어서인지 왠지 모를 긴장감과 스산함이 계속 엄습해 왔다. 이런 날 걷겠 다고 나온 것이 후회되었지만 이미 코스 절반을 걸어온 상태였다. 애써 두려움 을 물리치고 하얀 우비를 입은 채 음산한 공기를 헤치며 앞만 보고 걸었다.

타박타박 계단을 오르다가 차라리 타임슬립을 해서 다른 곳으로 가면 좋겠다고 생각했지만, 현실은 이미 다시 돌아가나 끝까지 걸어가나 똑같은 지점이었다. 게다가 그 코스는 중간에 포기할 수 없는 길이었다. 아무도 없는 길, 그 길 끝까지 걸어가야만 버스를 탈 수 있는 곳에 도착할 수 있었다. 10년도 훨씬 더 지난 지오디의 노래가 가물가물 생각났다.

'나는 왜 이 길에 서 있나. 이게 정말 나의 길인가. 이 길의 끝에서 내 꿈은 이뤄질까.'

내가 서른한 살에 했던 고민을 서른일곱에도 여전히 하고 있다니. 그때와 똑같은 고민을 가지고 또 올레길에 서 있는 나를 보았다. 결국 인간은 사는 동안 자신의 인생길 위에서 계속 고민하는 존재인가 하는 생각이 들었다. 예전에는 '생각대로 살지 않으면 사는 대로 생각하게 된다'는 명언이 참 마음에 와 닿았다. 그런데 과연 인생이 생각대로 살아지는 것일까? 예측 가능한 삶이라는 것이 가능한 일일까? 생각대로 첫발을 내딛을 수는 있겠지만 그 이후는 우리가 예상하지 못한 곳에 도착해 있을지도 모른다. 이렇게 반전 가득한 은밀한 삶의 법칙은 누구나 겪는 일이다. 아무튼 그 긴 시간 동안 비옷을 입고 부슬부슬 비를 맞으며 하염없이 길을 걸었다. 누군가 나를 봤다면 무서워서 도망갔을지도 모른다. 제주도는 6년 전에 처음 내가 왔을 때와는 많이 달라져 있었다. 서른한 살의 늦가을에 이곳에 왔을 때 나는 제주도가 이렇게 성장할 줄 알았는데… 이럴 줄 알았으면 제주도에 땅이라도 사놨어야 했나. '역시 나는 선견지명은 있지만, 추진력과 실행력이 없구나. 끊임없는 결정 장애 때문에 시도도 하지 못했구나' 하고 쓸데없는 후회를 했다. 그리고 지난 일에 대한 뒤늦은 자책을 통해 결론에 도달했다. '그래, 이젠 생각한 것을 실행에 옮기자. 더 망설이지 말고 카페를 시작하자'라고 마음먹었다. 홀로 결단을 내리기까지 고독했지만, 걸음을 멈출 수는 없었다. 일단 시작했으니 어떻게든 끝을 봐야 한다는 혼자만의 책임감과 인내심과 의무감까지 동반된 길이었다.

다음 날이 밝자, 나는 또 걷기 위해 시작점으로 향했다. 그런데 갑자기 올레길 시작점 푯말 앞에 서는 순간 무기력감이 들며 더 걷기가 싫어졌다. 오늘도 7시간 이상을 혼자 걷다 보면 어제처럼 만신창이가 될 텐데 하는 걱정이 앞섰다. 시작하기 싫은 마음이 저 밑에서부터 스멀스멀 올라왔다. 그렇게 한참을 멍하니 있다가 마음을 고쳐먹었다. 이미 시작점에 섰으니 도착점까지 가야만 한다고. 나는 지금 걸어야 할 운명이고, 그 운명에 저항하지 말자고 스스로에게 되뇌었다. 어제 다잡은 마음에 비장한 각오가 더해졌다. 마치 마라톤 출발선에서 한 번 출발하면 아무리 힘들어도 뛰는 걸 멈추지 말아야 하듯이, 느리게 뛰더라도 걷지 말고 결승점까지 가야 한다고 오기를 부리듯이 묵묵히 끝을 향해 다시 걸었다. 날이 어둑어둑해질 무렵 나는 다시 숙소로 돌아왔고, 다음 날이면 또다시 걸었다. 그리고 완전히 결심했다.

'그래, 내 카페를 시작해보자. 마음먹은 대로 시작하는 거야!'

# 02

# 프랜차이즈 VS 개인 카페

　카페를 창업하기로 결심하고 나면 어떤 콘셉트로 카페를 꾸며야 할지 고민이 된다. 더군다나 커피에 대한 지식도, 창업에 대한 정보도 많지 않다면 어디서부터 어떻게 시작해야 할지 막연한 두려움이 몰려온다. 그때 머릿속에 떠오르는 것은 주변에 많이 보이는 프랜차이즈 커피 전문점일 것이다. 정말 수많은 커피 프랜차이즈들이 있다. 왠지 프랜차이즈로 창업을 준비하면 수월할 것 같은 생각이 든다. 정말 그렇다. 남들이 만들어 놓은 길에 합류하는 것은 비교적 수월한 길이다.

　프랜차이즈로 카페를 창업한다면 개인 카페로 시작하는 것보다 고민할 것들이 확 줄어든다. 본사와 계약을 하면 인테리어부터 원재료와 부재료까지 카페를 운영하기 위해 필요한 모든 것을 하나부터 열까지 제공받을 수 있다.

원두뿐만 아니라, 카페에서 사용하는 모든 물품은 본사에서 제공해주는 대로 쓰면 된다. 물론 커피 교육까지 해주고 주기적으로 신메뉴 레시피도 알려준다. 카페를 운영하는 동안 본사로부터 지속적인 관리를 받는 것이다. 개인 카페라면 사장이 혼자서 머리를 싸매고 고민할 것들을 프랜차이즈에서는 본사 직원들이 고민하고 테스트하여 적용시킨다. 카페 운영과 관련된 모든 제반사항이 다 준비되어 있다고 해도 과언이 아니다. 회사가 잘 만들어 놓은 시스템 내에서 점주로서 잘 운영하면 된다. 이런 점에서 맨땅에 헤딩하듯이 처음부터 모든 것을 혼자 시작해야 하는 개인 카페보다는 본사의 관리를 받는 가맹점 사업이 훨씬 수월하다. 점주는 시스템을 이용하고 그에 상응하는 비용을 지불하면 된다. 다만 계약사항을 벗어나서 자유롭게 본인이 하고 싶은 것을 하는 것에 제약이 있다. 프랜차이즈 카페는 자유로움이 없는 대신 편리하다.

그렇다면 어떤 프랜차이즈를 선택해야 할까? 프랜차이즈를 선택할 때 중요한 것은 본사가 가맹사업 기간을 '얼마나 길게 유지해왔는지'다. 가맹사업은 처음 100곳은 어렵지만 흐름을 잘 타면 폭발적으로 성장한다. 그래서 현재의 가맹점 수가 중요한 것이 아니다. 가맹점이 500곳이 넘어도 무너지면 한순간이다. 오너로서는 슬프고 허무한 일이다. 프랜차이즈 본사는 현재 가맹점 수가 많든 적든 3년까지는 불안정하다. 개인사업과 마찬가지인 것이다. 그러니 가맹사업의 역사를 보아야 한다. 탄탄하게 5년을 유지했다면 믿을 만하다. 본사가 체계적인 영업 시스템을 잘 정비하고 탄탄하게 운영해나가고 점주를 위한다면, 서로 상생하여 프랜차이즈로도 20년 넘는 장수 점포가 될 수 있다. 그런데 이것도 보편적인 사실일 뿐 모든 경우가 그런 것은 아니다. 가맹사업이 탄탄한 본사의 장수 브랜드나 신생 브랜드, 신생 프랜차이즈 본사의 브랜드, 그 외의 여러 가지 형태의 가맹점들 중에서 어디가 잘될지는 사실 뚜껑을 열어봐야 안다. 겉으로만 보고 선택해야 하기 때문에 매우 어려운 일이다.

프랜차이즈 창업은 크게 세 종류로 분류할 수 있다.

첫째, 큰 자본금으로 할 수 있는 대형 프랜차이즈다. 투썸플레이스, 엔제리너스, 할리스 등이 있다. 매장은 대부분 주인이 직접 운영하지 않고 여러 명의 아르바이트생들을 두고 운영한다. 이런 카페를 하나쯤 갖고 싶다는 로망은 누구에게나 있을 것이다.

둘째는 비교적 적은 자본금으로 창업할 수 있는 중소형 프랜차이즈다. 이디야, 요거프레소, 카페글렌 등이 있다. 중소형 프랜차이즈들도 요즘은 대형화할 수 있다. 중소형 프랜차이즈는 대부분 사장이 직접 운영한다. 개인 카페를 운영하고 싶은 사람들은 보통 중소형 프랜차이즈와 개인 카페 사이에서 고민을 하곤 한다.

셋째는 개인 카페형 프랜차이즈다. 브랜드와 운영시스템을 가지고 와서 창업하는 프랜차이즈다. 본사로부터 노하우를 전수받고 브랜드명을 동일하게 한다. 메뉴도 같고 재료도 똑같이 쓸 수 있지만 일반적인 프랜차이즈들처럼 100% 받아서 쓰진 않는다. 운영하는 데 있어 제한적인 부분이 없고 카페 사장의 운영방침대로 영업한다. 앞의 두 프랜차이즈의 유형보다는 자유롭다. 이미 만들어져 있는 시스템에 자신의 것을 더하고 싶다면 좋은 선택지가 될 수 있다.

프랜차이즈 가맹점을 오픈하게 되면 본사에서 납품하는 원두를 지속적으로 제공받아 쓰게 된다. 가맹계약을 하면 점주의 원두 선택권은 없지만 보편적으로 맛이 괜찮은 원두를 제공받을 수 있다. 프랜차이즈마다 커피 맛이 다르니 본인의 취향에 맞는 원두를 제공하는 본사를 선택하면 된다. 누나들의 마음을 설레게 했던 드라마 〈밥 잘 사주는 예쁜 누나〉에서 기억나는 장면이 있다. 드라마의 여주인공은 커피 프랜차이즈 본사의 슈퍼바이저이다. 여주인공이 한 가맹점을 관리하던 중에 가맹점이 본사에서 납품하는 원두를 제대로 주문하지 않는 것 같다는 생각에 가맹점 박스 창고에 갔다가 외부로부터 사입한 원두 박스를 발견한다. 그리고 점주와 한동안 말다툼을 한다. 이것은 비단 드라마에서만 있는 일이 아닐 것이다. 가맹점으로 창업하고 시간이 흐르면, 언젠가부터 점주는 원·부재료의 단가에 자꾸 눈이 간다. 더군다나 매출이 원하는 것처럼 나오지 않으면 이런저런 불만이 더 생긴다. 원·부재료들의 단가를 낮추고 싶다는 유혹이 시작된다. 그래서 외부에서 사입을 시작한다. 사입한 재료로 다른 메뉴를 만들기도 하고 원두도 다른 곳에서 매입한다.

　프랜차이즈 본사는 가맹점 오픈 후 지속적으로 원·부재료를 납품하고 수익을 창출한다. 그렇게 본사와 점주가 서로 상생하는 것이다. 본사는 카페 운영의 전반적인 시스템을 제공하고 점주는 그 안에서 제공되는 것들을 구입해야 한다. 그래서 사입하는 점포는 본사의 골칫거리다. 본사가 제공하는 것에 불만이 생길지라도 사입은 계약 위반이다. 외식 프랜차이즈 회사의 홍보실에서 근무할 때 사입 근절에 관한 글을 썼던 기억이 난다. 그때 본사의 방침 두 가지를 점주에게 전했다. 본사에서 지정하지 않은, 점주가 임의로 제조한 메뉴의 판매 행위와 타사 불량제품의 판매 행위는 브랜드 가치를 훼손시켜 전 가맹점에게 위협을 가하는 일이라고 말이다. 사실 이 말에는 속뜻이 하나 더 있다. 본사 제품만 사용해서 본사의 매출을 안정시키는 역할을 해달라는 것이다. 이렇게 사보가 발행되고 전국 지사를 채근하여 각 가맹점의 외부 사입을 대부분 근절시킨 결과, 본사의 전체 매출은 살짝 오름세를 보였다.

　본사에 속한 가맹점은 불만이 생길 수밖에 없는 구조다. 다 내 맘 같지 않기 때문이다. 그리고 불만이 단지 원·부재료의 문제뿐이겠는가. 처음에는 아무것도 몰랐던 가맹점주도 시간이 흐르면 이것저것 시도해보려는 마음이 생긴다. 처음에 어려웠던 것들이 익숙해지며 자유롭게 다른 것을 하고 싶은 욕망이 생기는 것이다. 딱 1년만 지나면 모든 것이 익숙해지는 시점이 온다. 그러니 관리를 받기보다 내 마음대로 하고 싶은 사람이라면 더욱더 개인 카페를 해야 한다. 가맹점 영업은 본사 시스템 안에서 운영되기에 편리하지만 내가 하고 싶은 대로 하는 것은 제한이 있다. 그렇지만 개인 카페에서는 무엇이든지 시도해 볼 수 있다. 물론 시행착오도 사장 몫이다. 본인의 성향을 잘 고려하여 프랜차이즈와 개인 카페 중에 선택해서 창업하자. 모든 것은 장단점이 있다.

# 03

# 개인 카페를 해볼까?

카페 창업을 결심하고 백지 상태에서 모든 것을 혼자 알아보고 결정해야 했던 그때, 프랜차이즈 사업설명회에 다녀왔다. 커피 맛만 괜찮으면 프랜차이즈를 통해 창업하는 것이 더 수월하지 않을까 하는 생각에 사업설명회를 이곳저곳 다녀봤다. 교육도 해주고 원두도 함께 납품해주는 개인 카페를 알아보기도 했다. 한 집 건너 카페인 카페 공화국에서 내가 창업을 한다면 과연 살아남을 수 있을까? 게다가 대로변이 아닌 한적한 골목의 상권에서 살아남을 길은 무엇일까? 번쩍번쩍 화려한 인테리어로 무장한 대로변의 카페를 제쳐두고 손님들을 내 카페를 찾아오게 하려면 어떻게 해야 할까? 오랜 고민 끝에 스스로에게 던진 질문에 대한 답을 정했다. 아늑하고 편안한 인테리어도 중요하지만 첫째는 맛이라고 생각했다. 개인 카페의 경쟁력은 맛이다. 그렇다고 인테리어가 중요하지 않은 것은 아니지만, 그래도 커피 맛에 더 신경을 써야 한다.

내 취향의 원두로 커피를 만들기 위해선 개인 카페가 최선이었다. 내가 원하는 원두를 사용하려면 프랜차이즈와는 달리 모든 것을 스스로 감당해야 하더라도 개인 카페를 창업해야 한다. 개인 카페를 창업하면 로스팅 업체와의 직거래를 통해 자신의 취향대로 원두를 사용할 수 있다. 신중하게 여러 원두를 맛보며 가격 대비 맛이 좋은 원두를 선택하는 것이 좋다. 맛있는 원두를 결정하고 적정한 판매가를 책정하면 된다. 고객은 합리적인 소비를 하고 카페 사장도 커피 맛에 자부심을 가질 수 있다면 모두에게 좋은 일이다.

또한 개인 카페를 창업하면 카페에서 사용하는 모든 재료와 물품은 당연히 본인의 취향대로 선택할 수 있다. 어찌 보면 이 자유로움이 고달프고 머리가 아픈 일이다. 개인 카페는 사장 혼자서 하나부터 열까지 모든 것에 신경을 써야 한다. 그래서 힘들고 어렵지만 내가 하고 싶은 대로 하면서도 프랜차이즈 가맹점으로 창업하는 것보다 비용을 줄일 수도 있다. 회사를 다닐 때는 조직 내에서 굴러가는 바퀴의 일부분이었지만, 개인 자영업을 하면 이제 그 사업체의 머리가 되어 전체를 운영해야 한다. 맨땅에서 시작해서 모든 것을 차곡차곡 만들어 나가야 하지만, 머리가 되어 모든 걸 해 볼 수 있는 시스템이다. 이것저것 모든 것을 다 시도해 봐야 직성이 풀리는 나 같은 사람에게는 '나 홀로 자영업'을 권하고 싶다. 물론 광야에서 길을 만들어 나가는 작업은 매우 힘들고 시행착오도 많지만 그 안에 즐거움도 있다.

창업을 하고 어느 정도 지난 후에 새로 생긴 카페에 다녀온 적이 있다. 빈 티지한 공간에 소품으로 사용된 꽃과 화분이 조화를 이룬 아름다운 개인 카페였다. 내가 좋아하는 아인슈페너도 있었다. 같이 갔던 지인들도 한껏 기대하며 카페라떼와 아메리카노를 시켰다. 시간이 좀 지나고 고급스러운 우드 트레이에 올려져 나온 메뉴의 비주얼도 합격! 그렇다면 맛은? 아쉽게도 아메리카노와 카페라떼도, 내가 좋아하는 아인슈페너도 모두 맛이 없었다. 이런 인테리어에 이런 비주얼의 음료를 이런 맛으로 내오다니…. 인테리어가 예쁘면 기대치가 높아지는데, 안타까운 반전이었다. 주인에게 어떤 원두를 쓰는지, 원두에 좀 더 신경 썼으면 좋겠다고 말하고 싶었지만 오지랖인 것 같아 그냥 나왔다.

손님들이 계속해서 찾게 되는 카페를 만들고 싶다면 일단은 맛에 신경 써야 한다. 프랜차이즈든 개인 카페든 맛이 정말 중요하다. 더군다나 개인 카페를 한다면 메뉴의 맛에 신경을 곤두세우고 스스로 관리해야 한다. 예쁜 인테리어에 맛까지 좋다면 정말 금상첨화다.

# 카페 사장은
# 커피 맛을 알아야지

20대의 나는 커피 맛에 그다지 관심이 없었다. 인스턴트 커피나 편의점 커피를 주로 먹었고, 커피숍에 가서 커피를 사 먹어도 맛이 어땠는지 기억이 잘 나지 않는다. 그 당시에는 맥○커피로 냉커피를 만들어주고 그 진득함에 반한 사람들에게 만드는 비법을 공유하곤 했었으니 말이다. 스물아홉에 직장을 그만두고 얼마 지나지 않아 떠났던 뉴질랜드에서 10개월 정도 머물렀을 무렵, 오클랜드 시티의 대형 카페에서 파트타임 아르바이트를 시작했다. 아침 7시까지 출근하고 낮 12시면 퇴근하는 일이었다. 그 카페의 사장은 기가 막히게 라떼 거품을 만들었다. 가끔씩 실수로 컵 주위로 흘러내리는 거품조차 황홀해 보였다. 나는 벤티 사이즈에 4샷을 넣은 따뜻한 카페라떼를 매일 마셨다. 그때부터 커피에 관심이 생겼고, '커피가 이런 맛이구나' 하고 서서히 느꼈던 것 같다. 어느새 카페인을 섭취하지 않고는 일상을 버틸 수 없는 커피 중독자가 되었다.

뉴질랜드에서 1년 정도 머문 후에 한국에 돌아와서 이제부터 뭘 할지 계속 고민하다 커피에 대해 더 공부하기로 마음먹었다. 바리스타 학원을 다니면서 내가 지금까지 알던 것과 다른 커피의 새로움을 발견하게 되었다. 배우다 보니 커피를 추출하는 바리스타보다는 생두를 볶는 로스팅에 더 관심이 생겼다. 시간이 흐르고 커피에 대한 관심이 더 커질 무렵에 바리스타 과정을 마쳤다. 그 후 채용공고도 나지 않은 여러 로스팅 회사의 문을 두드렸고 원두 영업까지 도전하려했지만 나에게 기회는 주어지지 않았다. 그때 로스팅을 직접 하는 개인 카페는 왜 생각을 못했을까? 아마도 한국에 돌아왔으니 막연히 회사라는 곳에 들어가야 한다고 생각했던 것 같다.

그 이후로 시간이 흐르고 커피와 전혀 상관없는 회사에서 직장인의 삶을 살았다. 카페 사장이 되리라고는 생각지도 못했다. 그랬던 내가 7년 만에 다시 커피에 관심을 갖고 카페를 창업하기로 결심했지만 이미 배웠던 경험이 있기에 교육받는 것에 관심을 크게 두지 않았다. 커피를 너무 쉽게 본 것이다. 그렇게 교육을 제쳐 두고 창업에 필요한 것들을 이것저것 준비했다. 그러다 문득 장기적으로 카페를 운영하려면 조급하게 시작하지 말고 제대로 시작해보자는 마음이 생겼다. 카페 사장은 길게 가져갈 직업이라는 생각이 들었다. 그리고 다시 학원을 알아보게 되었다. 학원에 들어가서 초급과정을 배워 보니 커피에 대해 더 알고 싶어졌다. 중급과정을 배우다 보니 브루잉을 하고 싶어졌고, 브루잉을 하다 보니 커피 맛을 더 알아야 할 것 같아서 계속해서 과정을 이수했다. 그러다 카페 오픈이 점점 미뤄졌고, 결국 나는 5개의 자격증을 취득하고 라떼아트 수강까지 하고 난 후 오픈을 하게 되었다. 그때는 오픈을 뒤로 늦추면서까지 이래도 되나 하는 생각이 들었지만 지금 생각해보면 참 잘했다는 생각이 든다.

커피에 대해 알게 되면 알게 될수록 생고생이 될지도 모른다. 그렇지만 그 고생은 꼭 필요한 과정이 될 것이다. 그것이 카페 창업 이후 스스로를 지탱해 줄 발판이 되고, 그 발판으로 더 성장할 테니 말이다. 그래서 나는 얼렁뚱땅 카페를 시작하지 말고 꼭 제대로 커피 맛을 알고 시작하라고 조언하고 싶다. 아르바이트생이 아닌 카페 사장이 되려면 일단 커피 맛을 알아야 한다. 그냥 대충 알고 나서 카페를 운영한다면, 망하는 지름길이다. 알아도 망할 수 있는데 모르면 더 망하기 쉽다. 이제 주변에서 쉽게 스페셜티 원두들을 맛볼 수 있는 시대가 되었다. 손님들의 기호도 다양해지고 고급화되고 있다. 맛있는 커피는 손님이 먼저 알아본다. 그러니 이제는 커피 장사도 준비 없이 그냥 시작하면 안 된다.

# 창업 전에 사전 교육은 필수

　나는 현재 운영 중인 카페에서 커피에 대한 교육과 카페 창업 교육을 하고 있다. 커피 교육은 바리스타 관련 전문 지식과 기술을 1:1로 디테일하게 알려주는 것이다. 창업 교육을 할 때는 내가 카페 창업을 준비하며 고민하고 깨우쳤던 노하우를 공유한다. 커피를 만드는 기술 노하우든 창업 노하우든 노하우라는 것이 알고 나면 참 쉽다. 그렇지만 그것을 알게 되기까지의 과정은 참 어렵다. 노하우를 만들기 위해 수많은 시행착오를 겪었던 과정과 비교 분석한 시간과 노력은 귀한 것이다. 맨땅에 헤딩하기가 얼마나 어려운 일인지, 그래서 이미 만들어 놓은 길을 따라가는 것이 얼마나 수월한 일인지 창업을 준비하며 다시 깨닫게 되었다. 처음에는 어디서든 배워서 기술자의 노하우를 얻은 다음에 시작해야 한다.

카페 전면 내부에 '교육 상담 문의'라고 적힌 종이를 붙여놓으니 서서히 상담이 들어오기 시작했다. 카페에서 교육을 하기로 마음먹기까지 참 많은 생각을 했다. 나의 노하우를 다 가르쳐주는 것이 좀 아깝다는 생각도 했었다. 그도 그럴 것이 난 창업 전에 너무나도 많은 고민을 하고, 하도 비교분석을 해서 몸무게는 달리기에 푹 빠져 있을 때보다 더 줄어 있었다. 그러던 어느 날 '혼자만 알고 있으면 뭐 할래?' 하는 생각이 들었다. 그래서 교육을 시작하게 되었다. 그렇게 카페 교육을 결심하자마자 얼마 안 되어 수강생이 찾아왔다. 벌써 임대계약을 마치고 오신 분이었다. 나의 첫 수강생이었다.

나는 교육 문의를 하러 오신 분들에게 마음을 급하게 먹지 말라고 당부한다. 교육을 상담하러 오시는 분들은 창업이 언제가 될지 불확실한 분들이 많았다. 대부분 마음만 급해서 교육이라도 먼저 듣고 싶어 하셨다. 정말 많은 분이 다녀가셨다. 그때마다 내가 했던 말이 있다.

"창업 직전에 배우세요. 어디를 가서 배우든지 창업 직전에 배우시고, 매장에 에스프레소 머신을 들여놓고 배우세요."
"스케줄은 오전반으로 잡으세요. 오전에 교육받고 오후에 본인 매장에 가서 열심히 연습하고, 다시 다음 날 오전에 교육받고 오후에 가서 열심히 연습하세요. 이것이 매일매일 이루어 져야 창업 후 제대로 영업하실 수 있어요. 처음 배우는 기술을 연마하시려면 아침, 저녁으로 노력하셔야 해요. 그 기본 기술을 바탕으로 창업 후에는 직접 응용하면 됩니다."

나는 곧 창업할 수강생을 대상으로 교육한다. 1:1로 단기간에 집중 교육하는 것이기 때문에 바로 기술을 사용하지 않으면 아깝다는 생각에 했던 말이었다. 커피를 추출하는 것은 기술이다. 카페 창업을 결정한 후에 머신을 들여놓고 집중적으로 배우는 것을 추천한다. 개업 전까진 단기간에 강도 높은 훈련이 필요하다. 기술은 배우고 지속적으로 하지 않으면 감이 떨어진다. 더군다나 짧은 기간에 배운 것이라면 더 금방 잊게 된다. 그러니 창업하는 것이 확실해진 상태고, 처음 배우는 거라면 오픈 직전까지 바리스타 과정을 배우는 것이 좋다. 오픈을 결심하진 않았지만 자신과 맞는지 알아보는 것이 목적이라면 미리 배워도 괜찮다. 다만 이런 경우 꼭 오픈 전에 리마인드 교육을 받았으면 좋겠다.

당장 카페 창업을 준비하지는 않지만, 언젠가 꼭 하겠다고 생각하는 분들은 여러 카페를 탐방하면서 일단 많이 먹어보아야 한다. 카페에 들어가서 인테리어 구상도 하고 사진도 찍고 본인의 아이디어 자료를 많이 만들어 놓는 것이 좋다. 카페를 탐방할 때 아메리카노와 카페라떼는 꼭 먹어보자. 이 집 커피 맛은 어떤지, 저 집 커피 맛은 어떤지 그 차이가 느껴져야 한다. 기록도 해 두면 도움이 된다.

중요한 것은 오픈 직전까지 배움의 끈을 놓지 않고 기술을 연마해야 한다는 것이다. 그래야 개업하고 나서 프로처럼 에스프레소를 내릴 수 있다. 개업하면 실전이다. 처음 온 손님의 발걸음을 다시 카페로 오게 만들어야만 한다. 아마추어 같은 모습보다는 프로의 모습을 보여주어야 한다. 열심히 훈련한 후에 개업한다면 다양한 변수의 경험을 통해서 더 실력을 확장시킬 수 있다. 탄탄한 기초 위에 자신의 것을 쌓아나가야 한다. 모든 것이 그렇듯 현장에는 내가 예상치 못한 변수들이 산재해 있다. 변수들의 경험을 쌓고 쌓아서 그 변수들을 가능한 한 통제할 수 있어야 한다. 4년 차 카페 사장이 된 지금도 나는 여전히 변수들이 생기면 계속 알아보고 끊임없이 테스트한다. 바리스타는 그래야만 한다.

오늘은 분쇄도를 여러 번 조정했다. 가끔씩 추출 컨디션과 커피 맛이 마음에 들지 않아 이럴 때가 있다. 내 입맛이 유난히 까다로운 날인지, 원두 컨디션이 까다로운 날인지 모르겠지만 커피는 알면 알수록 어려운 존재인 것 같다. 그러니 처음에 기본을 잘 배우고, 변수가 생길 때마다 중심을 잘 잡아야 한다. 익숙해질 만도 한데, 여전히 커피가 어렵다. 커피는 이토록 예민하고 복잡한 음료지만 계속해서 알고 싶어지는 매력적인 존재다.

# 예비 카페 사장님들을 위한 조언

## #1

### 창업을 결심하고 나면, 적어도 카페 30군데는 둘러보자

방문한 카페에서 아메리카노와 카페라떼는 꼭 주문해서 먹어 보자. 인테리어도 사진으로 찍어와서 정리해 두면 좋다. 카페 창업 상담을 하다 보면, "제가 커피 맛을 잘 모르는데 괜찮을까요?"라고 묻는 분들이 있다. 커피 가게 사장이 커피 맛을 모르면 어떻게 손님에게 커피를 팔까? 최소한 본인이 추출한 커피가 맛있는지 맛없는지는 알아야 한다. 커피 맛을 아는 것이 카페 사장의 기본이다. 그러니 이곳저곳 방문해서 커피 맛을 비교해보자. 계속 먹어보면 맛의 차이를 안다. 그러다 보면 본인의 커피 취향도 발견한다.

## #2

### 카페 창업 관련 책을 꼭 읽어 보자

카페 창업에 대해 다룬 책을 세 권만 읽어 보면 카페 안의 머신과 제품들 그리고 카페와 관련된 용어들을 알 수 있다. 개인 카페 창업을 어떻게 준비했는지에 대한 경험담을 접할 수 있기 때문에 간접경험을 해볼 수 있다. 책을 읽다 보면 카페 시스템이 어떻게 돌아가는지 대부분 숙지할 수 있다.

## #3

### 본인의 커피 머신으로 연습하자

커피 교육을 받으면서 저녁에는 본인 카페의 머신으로 연습하는 것이 좋다. 단기간에 바리스타 기본 기술을 연마하기에 가장 좋은 방법이다. 바리스타 일의 시작은 어쨌든 기술의 습득이다. 그 습득된 기술을 자신이 응용하고 발전시켜 나가는 것이다. 기술은 처음 배운 후에 계속 단련시키지 않으면 잊어버리게 된다. 카페 개업 직전까지 될 수 있는 한, 계속 연습하고 나서 개업하는 것을 추천한다.

PART
02

# 당신의 카페를
# 디자인하라

# 개인 카페는 인테리어부터
# 머리가 지끈지끈

개인 카페를 혼자 시작하려면 하나부터 열까지 진두지휘를 해야 한다. 모든 것을 선택하고 지시하고 점검해야 한다. 일의 지시를 받는 입장에서는 나처럼 예민함이 가득하고(세심함이라고 부르고 싶다) 완벽주의 성향의 사람과 일하는 것이 굉장히 피곤할지도 모른다. 그렇지만 지시하는 입장에서도 피곤한 것은 매한가지다. 내가 모르는 일까지 챙겨야만 한다는 것은 스스로를 밤마다 시름시름 앓게 만든다. 결국 신경쇠약증에 걸리고 만다. 카페 인테리어를 진행할 때 내 얼굴은 점점 턱선이 뾰족해지고 한때 마라톤 동호회를 뻔질나게 다녔던 때보다 몸무게는 더 줄어들었다. 뇌는 폭발해서 밖으로 흘러나오기 직전이었다. 그래서 정신 줄 똑바로 잡기 위해 작업노트를 끼고 살아야 했다.

인테리어를 시작했다면 현재 진행 중인 작업과 다음 작업 그리고 인테리어 시공사와 나누는 모든 말을 기록해 두어야 한다. 나는 집착한다 싶을 정도로 기록을 했다. 사람 일이라는 것이 다 의사소통에서 문제가 시작되기 때문이다. 바쁜 인테리어 현장은 기록하지 않고 증거를 남기지 않으면 뒤통수 맞기에 아주 좋은 환경이다. 그래서 현장 작업이 시작되기 전에 무엇이든지 재차 확인하고 협의해야 한다. 인테리어 설계도를 만들고 3D 설계도를 만들고 나서, 최종 수정이 끝난 후에 공사를 시작해야 한다. 인테리어 설계도를 평면도만 보지 말고 꼭 3D 설계도로도 봐야 한다. 그래야 어떻게 인테리어가 될 것인지 대략 그려볼 수 있고 전체적인 조화를 미리 상상해볼 수 있다. 꼭 3D 설계도 도면을 만들어 달라고 하자. 절대 마음을 급하게 먹지 않고 찬찬히 점검해야 한다. 그리고 공사 스케줄을 꼭 확인하고, 가능하면 매일 공사 현장에 방문하여 체크하는 것이 좋다.

인테리어 시공을 시작하기 전에 나무로 만들 수 있는 소품들을 미리 생각해 두는 것도 하나의 팁이다. 그래야 목공 작업할 때 함께 만들 수 있다. 생각해 놓은 소품을 인테리어 업체와 미리 협의하자. 계약서에 명시하고 도장 찍을 때도 꼭 짚고 넘어가야 한다. 천장, 조명, 벽, 소품, 바닥 그리고 목재로 만드는 가구의 디테일, 예를 들어 수납함 안쪽의 선반 개수까지도 계약 전에 협의하고 모든 걸 서류상으로 남겨두자. 서류가 증거가 된다.

인테리어 공사가 끝난 후에 업체와 등을 돌리는 일이 왜 비일비재할까? 나도 처음에는 사이가 좋았으나 공사가 마무리되어 갈 즈음에는 위기가 산까지 올라갔다가 내려왔다. 왜 이러는 걸까? 그건 아마도 돈이 걸려 있기 때문일 것이다. 나는 저비용 고효율을 원하고 인테리어 업체는 적당한 효율에 고마진을 원하니 우리의 마음이 서로 달라서다. 그러니 꼭 계약 전에 모든 것을 확인하자. 공사의 항목과 비용이 기재된 견적서를 보고 하나하나 체크하는 것이 좋다. 생소한 단어라고 그냥 지나치지 말고 어떤 공사인지 어디에 적용할 것인지 꼼꼼하게 확인해야 한다.

공사를 시작할 때 다음 중 어느 순서로 작업을 해야 할까?

1. 철재를 세우고 목재를 맞춘다.
2. 목재를 만들고 거기에 철재를 맞춘다.

당연히 1번부터 해야 한다. 그렇지만 안타깝게도 나의 경우는 2번이었다. 내가 운영하는 카페의 주방 쪽에는 철재 각 파이프 구조물이 설치되어 있다. 처음에 나는 어떤 작업이 먼저 시작되어야 하는지 알지 못했다. 차례대로 진행되겠거니 하며 작업자들이 오는 순서가 곧 공사의 순서라고 생각했다. 인테리어 공사가 시작되고 나서 목재 팀이 전날부터 다음 날 오전까지 카페 내의 모든 가구를 만들고 배치한 후 오후에 철재 공사를 하는 사장님이 왔다.

"어? 가구가 다 들어왔네? 목공 공사 다 했어요?"

"네, 거의 다 한 것 같은데요!"
"그래요? 일단 해 볼게요!"

철재 사장님은 "일단 해 볼게요"라는 의미심장한 말을 했다. 그리고 카페 내부에서 철재 각 파이프를 잇고 붙여서 뼈대를 만드는 작업을 진행했다. 목재 팀과 철재 사장님의 작업이 겹치는 시간에는 정신이 하나도 없었다. 목재 팀이 철수하고 시간이 조금 지나자 인테리어 업체 사장님은 다른 현장도 가 봐야 한다며 사라졌다. 나는 현장에 남아서 공사 진행을 체크했다. 한여름에 땀을 뻘뻘 흘리며 용접 불꽃과 싸우던 철재 사장님이 다시 입을 열었다.

"아니, 어떻게 철을 나무에 맞춰요. 철재 공사를 한 다음에 목공 공사 하는
    게 더 수월했을 텐데 왜 이렇게 했대요?"

이야기를 듣자마자 공사 시작 전에 인테리어 사장님과 했던 대화가 머릿속에 우르르 떠올랐다. 잘 아는 목수 반장이 꽤 바쁘다면서 스케줄을 잘 맞춰야 한다고 했었다.

"글쎄, 잘 모르겠는데요…. 아마도 목수 반장님 스케줄이 어제오늘만 가
    능했나 봐요."

이렇게 말하고 나니 작업의 순서보다 목수 반장의 스케줄에 맞추려고 공사 스케줄을 목재 공사 다음에 철재 공사로 잡은 것이 틀림없다는 생각이 들었다. 용접을 하면서도 까만 그을음들이 계속 가구에 떨어졌다. 그렇게 결국 철이 나무에 맞춰졌다. 바닥의 수평이 잘 맞지 않아 가구에 철을 맞추는 것은 상당히 어려운 작업이었다. 완성하고도 목재 가구와 철재 구조물 사이에 틈이 많았다. 실리콘으로 여기저기 틈을 메우는 작업을 추가로 해야 했다. 가끔씩 어디서 나는 소리인지는 모르겠지만 '타닥' 하는 소리가 날 때마다 목재나 철재 각 파이프가 뒤틀리는 소리인가 싶어서 가슴이 조마조마하다.

인테리어 업체는 한번에 기술자를 불러 일을 하길 원한다. 두 번 의뢰하면 두 번의 인건비가 지출되기 때문이다. 그래서 이렇게 공사의 순서가 뒤바뀔 수 있는 것이다. 그러니 공사 스케줄을 꼭 확인하자. 대략적으로라도 확인하고 시공을 시작하는 것이 좋다.

# 공간의 콘셉트를
# 정하는 것이 먼저

카페 창업을 결정했다면 제일 먼저 해야 할 일은 인테리어를 어떻게 할 것
인지에 대해 생각하는 것이다. 잘 정돈된 공간을 먼저 만들어야 테이블과 의
자를 배치하고, 머신과 냉장고도 놓을 수 있다. 그리고 그곳은 카페 사장인
내가 매일 일하는 공간이 될 것이다. 그 공간을 어떻게 만들어야 할까?

일단 콘셉트를 잡아야 한다. 밝게? 아니면 어둡게? 인더스트리얼의 빈티
지? 세련된 모던함? 소소한 아기자기함? 등등 머릿속에 뒤엉켜 있는 것들을
내가 원하는 방향으로 풀어내야 한다. 카페의 콘셉트를 정하면서 나는 모순
된 두 가지 콘셉트를 원하고 있었다. 머리와 마음이 서로 다른 콘셉트를 원
하고 있었던 것이다. 나는 밝지만 아늑하고 따뜻한 아기자기함을 원하면서
도 한편으로는 어둡고 빈티지하고 인더스트리얼한 날것의 칙칙함을 원하기

도 했다. 이 두 가지는 전혀 다른 성격의 분위기라 하나로 묶으면 모순이 되는 상반된 콘셉트였다.

디자인 실장은 내가 정말 원하는 것을 곰곰이 생각해보라고 했다. 머릿속을 다시 정리해보니 나는 초록 초록한 풀 같은 식물이 많고, 숲 분위기가 물씬 풍기는 자연친화적인 공간을 원했다. 내가 떠올린 공간에는 밝고 아기자기하고, 친환경적이며 아늑함을 가지고 있는 콘셉트가 제격이었다. 그리고 이것이 정말 내가 원하는 콘셉트라고 결론지었다.

콘셉트를 정하다 보면 이것도 하고 싶고, 저것도 하고 싶고 심지어 다 하고 싶을 때도 있다. 그렇지만 통일된 콘셉트로 방향을 잘 잡아야 인테리어가 꼬이지 않는다. 콘셉트의 방향성이 정해지자 이것을 어떻게 풀어낼지가 관건이었다. 디자인 실장과 소품 하나하나까지 디테일하게 많은 이야기를 나눴다. 인테리어에 필요한 소품들은 우선 비슷한 것을 구해보고, 찾기가 어려운 것은 직접 만들기로 했다. 시간이 흐르고 인테리어가 마무리될 즈음엔 내가 창업을 준비하며 처음 원했던 것들이 카페 안에 구현됐다. 그림으로 보았던 것들이 현실이 되어 내 눈앞에 나타났을 때는 정말 감개무량이었다.

콘셉트는 하나로 통일해야 한다. 아무리 보기 좋은 것도 여러 개를 뭉쳐놓으면 안정감이 없어진다. 1부터 시작하여 10까지 하나의 연장선으로 통일된 느낌으로 카페의 분위기를 만드는 것이 좋다.

3D 도면

실제로 구현된 인테리어

인테리어에 관심이 많다 보니 눈에 띄는 간판과 소품은 어디를 가든 가리지 않고 촬영을 하곤 했었다. 그렇게 해서 모은 자료들이 꽤 많았다. 카페를 하기로 결심했다면 그리고 그것이 먼 미래라면, 지금부터라도 어디를 가든 괜찮은 것은 모두 촬영하자. 수집한 자료들은 아이디어의 밑바탕이 될 것이고 그 자료들은 모두 합쳐져 재생산될 것이다. 아이디어는 그냥 저절로 나오는 것이 아니다. 필요할 때 아이디어를 줄 수 있는 자료들을 방대하게 수집해두면 도움이 된다.

# 03

# 파이프에 대한 아픈 기억

인테리어 공사 시작 전에 배관 사이즈를 꼭 체크해야 한다. 카페에서 하수가 나가는 배관은 커피 찌꺼기나 우유 찌꺼기 등으로 막힐 수 있기 때문이다. 그래서 배관 직경이 큰 것으로 해야 한다. 최소 직경 75mm는 사용하되, 100mm 정도는 되어야 한다. 그래서 나는 인테리어 사장님에게 공사에 들어가기 전에 미리 하수 배관은 꼭 직경 100mm로 연결해달라고 말을 전했다.

공사 첫날이었다. 이날은 내가 오전에 일이 있어서 공사 현장에 가 보지 못했다. 그런데 내가 없는 사이 공사 첫날이라 둘러보러 왔던 아버지가 작업자들이 직경 50mm인 배관을 가져와서 연결하고 있는 것을 보시고는 "직경이 너무 작은데 이걸로 합니까?" 하며 더 큰 것으로 바꿔달라고 하셨다. 그러나 작업자들은 이미 사온 파이프로 작업을 계속하려 했고 그걸 본 아버지는 옆에서 계속 파이프를 바꿔야 한다고 말하셨다.

결국 인테리어 사장님은 근처 철물점에 가서 배관 파이프를 바꿔왔다. 그러나 그것도 75mm가 아닌 65mm였다. 65mm 파이프를 다시 사왔을 때는 내가 현장에 도착했을 때였다. 내가 배관 사이즈를 체크하며 직경이 너무 작은 것이 아니냐고 말하자 인테리어 사장님은 책임을 지겠다고 했다. 나는 공사비 대금을 지불하는 의뢰인이고, 의뢰한 대로 해달라는 것뿐인데 왜 의뢰한 대로 돌아가지 않는 것인지 의문이 들었다. 무엇인지 모를 미묘한 감정을 느끼며 인테리어 공사 첫날을 그렇게 넘겼다.

내가 오픈한 카페는 10평 남짓의 직사각형 공간이다. 그래서 카페 주방을 전면 출입구 쪽에 만들기로 했다. 밖에서도 보이는 오픈 주방인 것이다. 그런데 수도 배관의 시작 지점과 하수구 쪽은 출입구의 반대편인 내부 안쪽에 있었다. 그렇기 때문에 커피머신이 위치한 주방에서부터 카페 내부 뒤쪽으로 파이프를 연결해야 했다.

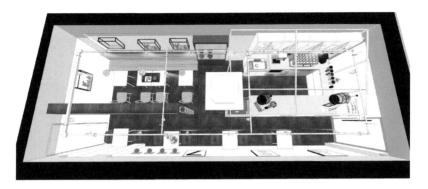

처음에 공사 계획을 짤 때는 노출 파이프로 작업하려고 했다. 수도 배관과 하수 배관을 카페 바닥 위로 설치하는 것이다. 굳이 카페 바닥을 깨서 파이프를 넣지 않아도 그 위에 세우게 될 가구 설치물로 파이프가 가려지기 때문이다. 그런데 무슨 일인지 공사 첫날에 작업자들이 바닥을 드릴로 깨고 있었다. 의아했지만 드릴로 시멘트 바닥을 깨는 요란한 소리와 함께 시끄럽고 분주한 공사 현장을 보니 이제 인테리어 공사가 본격적으로 시작되는구나 하는 생각이 들었다. '드디어 나도 카페를 시작하네!' 하며 기대로 들떴다. 시끄러운 드릴 소리가 즐겁게 들리고 바닥을 깨는 작업자들도 아름답게 보였다. 그런데 공사를 진행하다가 무엇이 잘 안 되었는지 시멘트 바닥의 깊이를 파이프 지름의 반 정도만 깼다. 그리고 작은 돌무더기 사이에서 파이프가 절반만 노출되는 아주 지저분한 상태로 그날 공사는 마감이 되었다. 그때는 내가 모르는 무슨 이유가 있겠지 하며 별로 대수롭지 않게 넘어갔다. 이 글을 쓰며 회상하는 지금도 내가 그때 왜 그랬는지 모르겠다. 이러나저러나 다음 공사는 계속 진행됐다. 목공 공사가 다음 날 바로 진행됐고, 공사 현장에는 목공소처럼 나무 분진이 가득했다. 안쪽으로 가서 보는 것 자체가 오지랖인 것 같아서 이날은 현장을 둘러보는 것을 자제했다.

전에 회사에 다닐 때의 일이 떠오른다. 본사 건물 근처에 있던 회사 직영 점인 한우고기 전문점을 리모델링했었다. 그때 회장님은 이른 아침부터 공사가 끝나는 저녁까지 현장을 지키며 계셨다. 그래서 나는 최종 결재를 받을 결재판을 들고 한 달 내내 공사 현장을 왔다 갔다 했다. 그때는 '작업자들이 불편하게 왜 저러실까?' 하고 의아했지만, 이제 내가 사장이 되어보니 알겠다. 이것이 오너와 직원의 미묘한 마음의 차이일까? 그래서 회사에서 직원들에게 주인의식을 필수 덕목으로 강조하는구나 하는 생각이 들었다. '아, 나도 이제 사장이 되는 것인가. 그렇지만 직원의 입장은 잊지 말자'며 있지도 않은 직원을 생각하고 다짐도 했다. 그렇게 예비 자영업자의 생각 많던 하루가 지나고 늦은 오후가 되었다.

공사가 마감되고 카페 안쪽에 긴 나무의자가 설치되었다. 어제의 지저분한 바닥과 반 노출 파이프가 나무의자로 가려졌다. 과연 작업자들은 깨진 돌들을 잘 치우고 그 위에 나무의자를 올렸을까? 아마도 아닐 것이다. 주방 쪽의 반 노출 배관 파이프는 여전히 작은 돌무더기와 함께 있었기 때문이다. 지금은 주방 쪽도 가구와 기계들로 다 가려졌다.

시간이 흘러 페인트 도장 작업을 하는 날이 왔다. 이때도 여전히 나는 현장을 왔다 갔다 했다. 주방 쪽 파이프와 함께 있었던 작은 돌무더기들은 임시방편으로 치웠다. 그러나 여전히 깨진 돌들로 지저분한 파이프 주변을 보며 구시렁댔다. "도대체 왜 깬 거야! 깨고 마무리도 안 하고!"그런 나를 보고 파이프 공사와 전혀 관련 없는 페인트 도장 반장님이 그 위에 진득한 뭔가를 (나중에 알고 보니 핸디코트였다) 발라서 마감을 해주셨다.

파이프에 핸디코트를 바르기 전

파이프에 핸디코트를 바른 후

인테리어 공사 현장에 있다 보면 알 것이다. 얼마나 지저분하게(?) 마감을 하는지. 좀 쓸고 그 위에 가구를 올려놓으면 좋으련만 시간이 황금인 공사 현장이라 그런 건지, 가리면 안 보여서 그런 건지, 톱밥과 시멘트가루가 즐비한 곳에 가구를 올린다. 그래서 그런지 주방 쪽 쇼케이스 받침대 가구 밑에서 톱밥가루가 아직도 나온다. 지금도 가끔씩 슬금슬금 나오고 있다. 주방 복도 쪽 가구들이 쭉 이어진 일체형이라 옮기고 쓸기란 불가능하다. 그냥 슬그머니 나오는 톱밥가루만 임시방편으로 치워주고 있다.

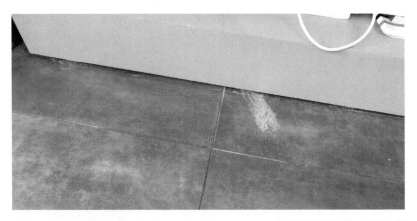

톱밥가루가 나오는 쇼케이스 밑

**배관 공사 시에 꼭 알아두자!**

1. 배관 직경은 75~100mm로 해야 한다.

2. 배관 파이프는 가구로 가릴 수 있다면 굳이 바닥을 깨서 집어넣을 필요가 없다. 노출 파이프로 하면 마감이 깔끔하다.

# 예기치 못한
# 전기 증설의 위기

카페 인테리어 공사를 하다 보면 예상치 않았던 곳에서 큰 금액의 견적이 훅 들어와 추가될 때가 있다. 나의 경우, 전기 증설과 천장형 에어컨 설치가 그랬다. 전기 증설 비용이 270만 원, 에어컨 설치에는 230만 원이라는 거금이 들었다. 미리 생각해 두지 않았던 추가 지출이 500만 원이나 생긴 것이다. 비록 10평 남짓의 소형 카페일지라도, 하나의 카페가 만들어지는 데는 많은 돈이 든다. 그래서 인테리어 공사를 하기 전에 전기 증설 비용과 에어컨 비용은 미리 염두에 두는 것이 좋다.

전기 증설은 만만치 않은 비용이 들어가는 공사다. 그러기에 공사를 시작하기 전에 현재 인테리어 할 곳이 한국전력과 계약된 기본 전력이 어느 정도인지 확인해야 한다. 적게 되어 있다면 증설해야 하고, 너무 높게 되어 있다면 일부 해지를 하는 것이 좋다. 상가마다 개별인지 통합형식으로 되어 있는지도 알아보아야 한다.

보통 상가의 기본 전력은 5KW의 전력(상업용)이 계약되어 있다. 5KW가 넘어가는 증설은 전기 공사가 필요하다. 설비가 되어 있지 않다면 허가업체를 통해 전기 증설 공사를 해야 한다. 일반 점포는 5KW면 충분하지만 카페는 5KW로는 부족하다. 내 카페가 있는 상가는 5KW도 아닌 주택용 전기인 3KW로 되어 있었다. 그래서 업체를 통해 전기 증설 공사와 증설 계약을 해서 지금은 14KW이다. 이것은 3KW에서 우여곡절 끝에 증설된 전력이다. 그때의 상황을 떠올려 보면, 전기 증설 사건은 인테리어 사장님과의 갈등이 산꼭대기까지 올라갔던 순간이었다.

---

 ·········································· **전기 증설 시에 꼭 알아두자!**

1. 3KW에서 5KW로 변경하는 것은 한국전력에 전화하면 비용 없이 증설 가능하다. 3KW는 주택용 전기로 누진세가 적용되고, 4KW부터 상업용 전기를 사용하게 된다.

2. 전기 증설 관련 자격증이 있는 업체에서 견적서를 받자.

3. 추가로 증설되는 전력량이 어느 정도인지 견적서를 제대로 확인하자. 1KW당 증설비용이 책정된다. 한국전력에 내는 불입금(1KW당 94,600원)은 별도로 되어 있다.

내가 처음 계획했던 전기 증설은 3KW에서 14KW를 올려서 17KW까지 만드는 것이었다. 그런데 증설 공사를 마치고 인테리어가 끝날 때쯤 뭔가 미심쩍은 생각이 들었다. 한국전력에 전화로 확인해보니, 총 완비된 전력은 14KW였다. 14KW를 더 올려달라고 했는데 총 14KW로 만든 것이다. 계약서를 다시 보았다. 계약서에는 총 증설량은 쓰여 있지 않고 견적금액만 쓰여 있었다.

당시 나는 견적을 두 군데서 받아보았다. 하나는 인테리어 업체가 내부 전기 공사팀을 통해서 연결해 준 증설업체 견적이고, 다른 하나는 내가 따로 알아본 다른 증설업체의 견적이었다. 두 군데를 비교해보니 내가 알아본 업체의 견적가가 더 낮았다. 그렇지만 현재 내부 전기 공사팀과 연결된 증설업체가 진행을 해야 수월할 거라고 생각했다. 그래서 견적가가 더 높더라도 내부 전기 공사팀과 연결된 증설업체와 공사를 진행했다. 그러나 내게 돌아온 것은 17KW가 아닌 최종 14KW의 전기 증설이었다(before: 3KW / after: 전화로 증설 2KW+증설 공사 9KW).

이때 나는 작업노트에 기록을 꾸준히 하며 공사의 진행상황에 대해 확인했는데, 노트에는 정확히 14KW를 추가 증설하는 것으로 쓰여 있었다. 분주한 현장에서 기억은 편집되고 각자의 머릿속에서 재창조된다. 자기 좋을 대로 저장하는 것이다. 그러니 초기의 인테리어 계약서에 '별도 지급'이라고 써놓더라도 증설량을 꼭 명시하고, 계약서와 견적서를 꼼꼼히 확인하자. 이미 벌어진 일은 어쩔 수 없었지만, 다시 두 군데 업체의 견적을 비교해보다가 의문이 생겼다. 내가 알아본 다른 업체는 최종 17KW로 완성하는 조건으로 12KW를 증설하는 공사(before: 3KW / after: 전화로 증설 2KW＋증설 공사 12KW)를 하면서도 견적이 낮았다는 것인데, 여전히 미스터리다. 기록한 것을 보니, 원래는 공사했던 업체의 견적가가 더 높았다. 내가 알아본 업체의 낮은 견적서를 보여주니 공사업체는 그 업체가 내놓은 견적으로 맞춰줄 수는 없지만 견적가를 조정해주겠다며, 원래 견적에서 38만 원을 낮춰주었다.

　다행히 카페를 운영해보니, 14KW도 쓸 만하다. 그 일로 인하여 전기 기본료가 낮아졌으니 결과적으로는 좋은 일이 됐다. 어쨌든 한국전력에 내는 불입금을 제외하고 증설 공사비에 포함된 자재비와 인건비를 잘 검토해야 한다. 그런데 최근에는 그동안 그냥 흘려 보았던 전기요금 고지서를 찬찬히 보면서 또 한 가지 의문이 생겼다. 그것은 바로 14KW로 계약된 전기 기본료였다. 지금 카페에서 쓰고 있는 전력량이 그에 훨씬 못 미치지 않을까 하는 생각이 들었다. 개업 전에 17KW로 증설계획을 세웠던 것이 의사소통 문제로 지금은 14KW가 되어 있지만 요즘은 계약 전력을 더 내려도 될 것 같다는 생각이 든다. 물론 순간 최대 수요 전력을 검토해서 증설해야 한다. 그러지 않을 경우, 순간 과부하가 걸려 누전 차단기가 내려가는 일이 발생할 수 있기 때문이다. 여러 가지 궁금한 점을 가지고 한국전력에 문의를 했더니, 월 사용량이 계약 전력에 비해 아주 많이 낮았다. 그래서 순간 최대 수요 전력을 좀 더 검토한 뒤에 계약 전력을 더 내릴 계획이다. 그래서 요즘은 이곳과 비슷한 카페의 계약 전력을 알아보고 있다.

# 바닥의 배신

바닥을 깔 때 처음에는 에폭시로 마무리하고 싶었으나 견적가가 생각했던 것보다 높았다. 그래서 데코타일로 마무리하기로 했다. 비록 플랜 B였지만 타일 공사 중에 깔끔하게 깔린 진회색의 데코타일을 보니 카페의 내부 색상인 회색과 잘 어울려 보여 뿌듯했다.

개업 후 1년이 조금 지난 어느 날 저녁, 카페 홀에 앉아 있는데 우지끈하는 소리가 들렸다. 갑자기 난 소리에 놀라 주위를 두리번거렸다. 소리가 난 쪽은 바닥의 데코타일 부분이었다. 바닥에 단단하게 달라붙어 있어야 할 데코타일이 줄눈에서부터 균열이 생겨서 살짝 올라와 있었다. 처음에는 줄눈에 균열이 일어난 것을 대수롭지 않게 생각했다. 그런데 날이 갈수록 데코타일은 바닥으로부터 떨어져 들뜨기 시작했다. 바닥과 데코타일의 틈이 벌어지는 것이 언뜻 봐도 보일 정도라, 그곳을 밟는 손님마다 놀라며 외쳤다. "사장님, 여기 바닥이 이상해요!" 편안하게 밟아야 할 바닥이 밟을 때마다 불안감이 생기는 바닥으로 변해버린 것이다.

이런 상황에는 두 가지 방편이 있다.

첫째, 균열이 일어난 곳의 타일 바닥을 뜯어 다시 타일 접착제를 바르고, 그 위에 타일을 올린다. 재공사를 하는 것이니 깔끔하게 마감이 된다. 하지만 멀쩡한 주변 타일이 깨질 수 있다. 작업하는 데 시간이 오래 걸리고 외부 작업자에게 의뢰해야 하기 때문에 돈이 많이 든다.

둘째, 타일이 들떠 있는 곳에 줄눈용 시멘트를 흘려 넣어서 채운다. 채워 넣은 다음 줄눈 부분은 떨어지지 않게 강한 접착제로 잡아놓는다. 그리고 마를 때까지 그 위에 무거운 것을 올려놓는다. 소량의 줄눈용 시멘트 재료로 작업이 가능하고, 본인이 직접 할 수 있다. 하지만 마감이 깔끔하지 않다. 완벽히 붙진 않아서 언제 떨어질지 모르는 염려가 있다.

가장 좋은 방법은 균열이 생긴 곳의 떨어진 타일을 모두 떼어내고 작업하는 첫 번째 시공 작업이다. 이것은 일단 외부 작업자에게 의뢰해야 하기 때문에 비용이 들고, 일이 커진다. 그래서 나는 최대한 일을 크게 만들지 않기 위해 두 번째 방법을 선택했다. 그렇게 시공 작업이 시작되었고, 벌어진 틈에 줄눈용 시멘트를 밀어 넣고 줄눈에는 접착제를 발랐다. 작업이 참 녹록지 않았다. 무엇이든 쉬운 것은 없다지만, 작업이 한 번에 이루어지지 않았다.

공사 후 1년 3개월이 흘렀을 때 이런 일이 생기니 이미 작별했던 인테리어 업체 사장을 다시 부를 수는 없었다. 바닥이 왠지 모르게 너덜너덜해지는 느낌이 들었지만, 줄눈 부분에 계속해서 임시방편을 적용했다. 감사하게도 지인과 아버지가 작업을 해주었다. 몇 번 하다 보니 완벽히는 아니지만 이제 좀 붙었다는 느낌이 들었다. 마무리 작업을 하고 그 위에 작은 카펫을 깔았다. 지금은 겉으로 보기에도 깔끔해졌고 밟을 때마다 불안한 마음이 들지 않는 바닥으로 다시 돌아왔다. 밟으면 타일 안쪽이 꽉 찬 느낌이 아니고 비어 있는 듯하지만 그래도 잘 붙어 있다. 만약 또 들뜨는 사태가 일어난다면 그때는 여지없이 외부 작업자에게 시공 공사를 의뢰해야 할 것이다.

데코타일뿐 아니라 타일 종류도 많고 바닥에 적용할 수 있는 시공은 다양하다. 그러니 장단점을 잘 파악해서 시공하면 된다. 나중에 안 사실이지만 겨울철 들뜸 현상은 데코타일의 단점이었다. 데코타일은 다른 바닥재에 비해 온도 변화에 민감해 팽창과 수축을 할 수 있다. 그때 타일 사이의 벌어짐 현상이 일어나는 것이다. 생각해보니 '우지끈'의 시점은 유난히 추웠던 1월 말의 어느 날이었다. 당시 기온이 급격히 내려가서 수도와 보일러가 얼어서 여기저기 난리가 났다. 그러다 보니 갑작스러운 온도 변화에 타일이 수축했고 틈이 생긴 것이다. 데코타일로 시공했을 때 이런 일이 가끔씩 있다고 한다. 그리고 카페 안에서 데코타일의 틈이 생긴 곳은 인테리어 구조물인 구로철판이 박혀 있는 곳 주변이다. 아마도 여러 가지 복합적인 것들이 작용한 것으로 추측된다. 데코타일의 장점도 있고 내가 겪은 단점도 있다. 만일 데코타일로 시공하게 된다면, 처음 시공할 때부터 들뜰 것 같은 부분은 더욱 꼼꼼하고 정교하게 작업하는 것이 좋다.

창업 전 여러 카페를 돌아다닐 때 바닥재에도 관심을 가져보자. 시간이 흐를수록 자재마다 제작기술은 더 좋아지고 단점을 최소화하여 개발하기도 한다. 내가 카페 인테리어 공사를 했었던 3년 전보다 지금은 더 달라져 있을 것이다. 그런데 요즘에는 그냥 원래의 맨바닥도 괜찮은 듯하다. 굳이 무엇인가를 하지 않아도 빈티지한 느낌이 물씬 느껴진다. 전체적인 인테리어에 해가 되지 않는다면 괜찮을 것 같다.

데코타일 바닥　　　　　　빈티지 느낌의 공사 전 바닥

추운 겨울이 다시 돌아왔다. 불안했던 데코타일 바닥에 균열이 생겼다. 이번에는 임시방편을 적용했던 타일의 오른쪽 줄눈 부분이다. 며칠 뒤 바로 균열이 생긴 줄눈 사이를 실리콘으로 마감했다. 빠른 대처방법은 유용했다. 더 들뜨기 전에 작업을 했더니 더 이상의 균열은 생기지 않았다. 그렇지만 줄눈을 사이에 두고 붙어 있는 타일들이 살짝 위로 올라와 있다. 우지끈하기 일보직전 같지만, 실리콘이 붙잡고 있는 느낌이다. 바닥 타일을 바라보며 "돌아오는 겨울에는 또 어느 곳이 들뜰 예정이냐!"라고 말해본다.

1. 『카페 인테리어 싸게 하기』(이민 저, 푸른영토)를 읽어보면 인테리어 공정의 순서와 전문 용어들을 익히는 데 좋다. 인테리어 공사 전에 한번 읽어보고 시작하자.

2. 주방가구 상판 밑에 철재 각 파이프를 덧대자.
   머신이나 쇼케이스가 올라가는 가구라면 상판 바로 밑에 철재 각 파이프를 덧대자. 그래야 나무 상판 위에 무거운 것을 올려도 무리가 없다.

3. 인테리어 공사 기간 중에 포스 단말기를 알아보자.
   포스 단말기가 장착될 곳을 정하고 포스 단말기와 연결된 전기선들이 바닥 쪽 콘센트와 연결될 수 있는 통로를 미리 만들어야 한다. 나는 이 통로를 간과하고 주방 쪽 가구를 다 만들고 그 위에 대리석을 올린 후에 포스 단말기를 설치했다. 그래서 작업자가 다시 와야 했다. 그리고 포스 단말기 주변 대리석에 구멍을 내고 또 그 밑에 있는 가구에 원형 통로를 만드는 번거로운 작업을 해야 했다.

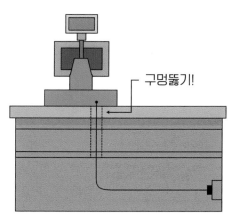

구멍뚫기!

포스기 설치선 통로

# 주방을 설계하라

실내 인테리어 콘셉트를 정할 때 결정해야 할 것이 하나 더 있다. 바로 주방의 위치다. 먼저 주방의 위치를 출입구 쪽으로 할 것인지, 카페 내부 쪽으로 할 것인지 정해야 한다. 그다음 머신은 어디에 둘 것인지, 커피 추출하는 것을 손님에게 보여주는 것이 좋을지, 보이지 않게 하는 것이 좋을지도 고려해야 한다. 인테리어 콘셉트를 정하기에 앞서 주방의 위치가 정해져야 더 디테일한 인테리어의 방향을 정할 수 있다. 내 경우에는 주방을 카페의 출입구 쪽에 배치했다. 그리고 커피를 추출하는 것을 손님들이 볼 수 있도록 에스프레소 머신을 설치했다.

처음에는 누군가 나를 보고 있다는 것이 몹시 부담스럽고 뒤에 손님이 있으면 괜히 긴장됐다. 우유 스팀을 만들 때마저 손이 떨렸다. 개업 후 한동안은 부끄러움을 동반한 불안감과 함께 메뉴를 만들었다. 그렇지만 지금은 완전히 익숙해졌다. 손님들이 나를 보고 있어도 마음이 편안하다. 익숙해지고 적응하는 것은 시간문제다. 시간이 지나면 점점 괜찮아진다. 그런데 익숙해지는 동안의 과정이 싫고, 손님의 시선이 부담스럽다면 에스프레소 머신의 위치를 바꾸면 된다. 그 경우 손님에게 머신의 아름다운 뒤태를 보여주는 쪽으로 머신을 두면 된다. 작업은 당신이 가장 편한 위치에서 하는 것이 가장 좋다.

손님들이 커피 추출 과정을 볼 수 있는 배치

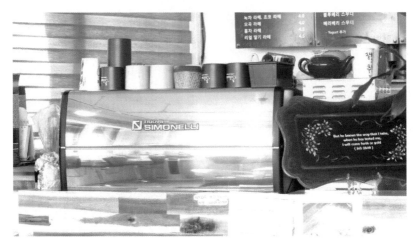

머신의 뒤태가 보이는 배치

주방의 위치가 정해졌다면 이제 카페 메뉴를 정할 차례다. 카페 메뉴를 정해야 그것을 만들어 낼 주방기계를 선택할 수 있다. 전자레인지나 오븐 또는 와플기계를 사용할 것인지, 냉장고나 냉동고는 몇 리터짜리로 살 것인지, 한 칸짜리를 살지, 두 칸짜리를 살지(특히 냉동제품을 잘 파악해야 한다), 그라인더는 몇 대를 살 것인지 등을 정할 수 있다. 또한 메뉴에 따른 쇼케이스의 크기도 중요하다.

다음으로, 선택한 주방기계들의 위치를 정해야 주방의 가구 설계를 할 수 있다. 에스프레소 머신, 냉장고, 냉동고, 그라인더, 블랜더, 쇼케이스 등의 기계들은 어디에 배치해야 편리한지, 식기와 원부재료가 차지할 수납공간은 어느 정도 크기로 할 것인지를 생각해야 한다. 이때 싱크대의 크기와 위치도 함께 정해야 한다. 이렇게 주방기계들의 위치를 정하고 나면, 주방 내 가구의 사이즈와 칸막이 위치를 정하는 가구 설계를 할 차례다.

다시 말하면 이렇게 주방의 가구 설계를 순차적으로 진행하기 위한 최초의 일은 카페에서 판매해야 할 메뉴를 정하는 것이다. 메뉴의 종류에 따른 주방기계가 정해져야 주방 인테리어의 대략적인 레이아웃을 설계할 수 있다. 메인 작업공간인 주방 설계가 제일 중요하다. 주방 설계 전에 필요한 기기의 용량과 크기를 충분히 검토하고 설계해야 한다.

내가 운영하고 있는 카페에는 전자레인지를 배치할 자리가 없다. 카페 개업 초기에는 전자레인지가 필요한 메뉴가 없어서 전자레인지 공간 없이 주방을 설계했기 때문이다. 요즘은 전자레인지나 미니 오븐을 이용하는 메뉴들을 하고 싶은데 기계들을 놔둘 곳이 없다. 작은 개인 카페치고는 넓디넓은 이 주방에 전자레인지 하나 들어갈 곳이 없다니 참 아쉽다. 그러니 아직 정하지 못한 불확실한 메뉴가 있다면 그 기계가 들어갈 만한 공간은 미리 만들어두자. 이때 기계를 배치할 가구 안쪽에는 콘센트도 설치되어 있어야 한다.

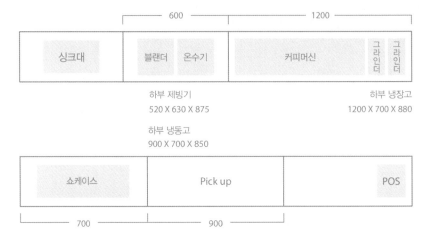

주방 설계 초기 레이아웃

## 1. 작업대의 넓이

나는 위에서 설명한 과정대로 메뉴를 대략적으로 정한 후, 동선도 미리 체크해서 주방 레이아웃을 설계했다. 그리고 설계대로 가구와 기계들을 완벽히 배치했다. 그때까지는 모든 것이 잘 이루어진 줄 알았다. 그러나 내가 간과한 것이 있었다. 모든 것은 현실에 부딪쳐야 깨닫는 법이다. 내가 간과했던 것은 메뉴를 만들 수 있는 '작업대'였다. 작업대가 어디에 위치해야 메뉴를 편안하게 만들 수 있는지 생각하지 않았던 것이다. 작업대 위로 기계들이 빼곡하게 차 있어서 메뉴를 만들 수 있는 공간이 너무 협소했다. 메뉴를 만드는 작업대를 전혀 생각하지 않고 기계들을 배치하고 나서야 잘못된 것을 깨달은 것이다.

에스프레소를 추출한 다음 어디서 메뉴를 제조할 것인지, 커피 베리에이션 음료에 넣을 1,000ml 시럽 병들은 어디에 놓을 것인지 머릿속에 고민이 가득했다. 매번 컵을 들고 음료를 만들 수도 없는데, 공간이 없는 작업대를 보고 있자니 갑갑했다. 그래서 고심 끝에 에스프레소 그라인더 두 대를 카페 전면 쪽으로 옮겼다. 그리고 에스프레소 머신을 무리가 가지 않을 정도로 10cm 정도 옆으로 옮겼다. 그랬더니 그나마 메뉴를 제조할 수 있는 작업공간이 생겼다. 다행이었다. 꼭 공사 전에 주방 레이아웃에 따라 메뉴를 만드는 예행연습을 해보자. 가상 체험을 통해 동선을 잘 검토하고 시공해야 시행착오를 줄일 수 있다.

주방 기계 배치 before / after

## 2. 작업대의 높이

주방 설계에서 중요한 것이 하나 더 있다. 바로 작업대의 높이다. 작업대는 몸에 무리가 가지 않는 편안한 높이가 좋다. 나는 주방 가구를 만들고 나서 그 위에 대리석 판이 올라간 후의 높이를 생각하지 못했다. 대리석 판이 가구 위로 올라가던 날도 더해진 높이는 생각하지 않고 마냥 좋아 보이기만 했다. 그러다 에스프레소 머신까지 그 위에 놓고 나서야 깨달았다. 심지어 에스프레소 머신 하단에도 받침다리가 있었다.

가구 위에 대리석 판을 올리고 그 위에 받침다리가 있는 에스프레소 머신을 올리니 처음 생각했던 머신의 높이보다 10cm 이상 높아졌다. 내가 간과했던 대리석 판의 높이는 무려 6.5cm나 되었다. 그러다 보니 포터필터를 장착하고 빼는 것이 너무 불편했다. 키높이 운동화를 신거나 발밑에 지지대를 놓지 않으면 일하기 불편한 환경이었다. 임시방편으로 머신 쪽에만 폭이 좁은 받침대를 놓기도 했는데, 잘못 발을 헛디디면 개업한 지 얼마 안 돼서 병원 신세를 지게 될 것 같았다. 다행히 전기 증설 공사 사건이 일어난 후, 인테리어 사장님이 미안하다며 주방 전체 바닥에 깔 발판을 근사하게 만들어 주었다. 덕분에 내 몸에 맞게 작업대 높이를 맞출 수 있었다.

주방 발판 before / after

완벽히 설계하고 공사를 시작했다고 생각했지만 막상 해놓고 보니 주방은 생각한 것과 달랐다. 도면으로 보는 것과 현장은 다르다. 그러니 설계도가 나왔다면 예행연습이 필수다. 설계도를 바탕으로 가상현실을 머릿속에 만들어 현장에서 꼼꼼하게 체크하자.

1. 메뉴를 정하고 나서 주방의 기계를 선택하고 배치하자. 이때 콘센트의 위치 도 생각해야한다.

2. 메뉴를 만들 수 있는 작업공간을 만들자. 작업대 쪽에 시럽 디스펜서를 배 치하면 좋다.

3. 작업대의 높이는 포터필터를 편안하게 잡을 수 있는 높이로 해야 한다. 가 구의 높이+그 위로 올라가는 대리석의 높이+에스프레소 머신 바닥 받침대 의 높이를 계산하자.

개업 전에 완성된 주방의 모습

# 어떤 에스프레소 머신을
# 선택해야 할까?

카페에서 커피를 만들려면 머신이 꼭 필요하다. 요즘에는 어딜 가나 3구
짜리 은색 라마르조코가 보인다. 머신의 빛나는 은색 등판에 입체감 있게 붙
여진 '라마르조코'라는 이름만 봐도 황홀하다. 그런데 슬프게도 그만큼 몸값
이 비싸다. 과연 이렇게 비싼 머신이 내 카페에도 안성맞춤일까?

처음에 머신을 고를 때 인터넷을 이리저리 뒤져보다가 머릿속이 복잡해지
면서 '그냥 비싼 게 좋은 거겠지' 하는 생각이 들었다. 전자제품을 고르듯이
머신을 고르다가 문득 내 주머니에 있는 창업비용을 떠올리니 비교적 저렴
한 머신을 사면 어떨지 합리적인 의문이 들기 시작했다. 그렇게 머릿속이 점
점 더 복잡해지며 시작단계인 머신 고르는 것부터 때려치우고 싶은 충동이
들었다. 그러다 모든 것을 패키지로 해주는 곳에 맡겨서 일임해보기로 했다.

아무래도 초보인 나보다 더 많이 아는 전문업체가 직접 해주는 것이 좋지 않을까 생각했다. 그래서 이곳저곳 원두부터 기계까지 창업을 위한 모든 것을 해준다는 세미나에 참석했다.

모든 것을 다 해준다는 것은 그 모든 것에 인건비가 들어간다는 말이다. 내가 직접 해서 창업비용에 포함되지 않았던 인건비가 업체에 지불할 비용에는 포함되어 있었다. 내가 알아보았던 머신 구입비용보다 금액이 더 올라가는 것은 당연지사였다. 돈을 좀 더 쓰면 편안하겠지만, 나는 결국 비용을 줄이기 위해 모든 것을 직접 내가 해야만 하고, 할 수밖에 없는 길을 택했다. 귀찮다고 모든 것을 의뢰하고, 좋아 보인다고 다 사들이다가는 통장 잔고는 갈수록 줄고 창업 후에도 필요한 자금이 모자랄 것 같았다.

그러면 머신은 어떤 것을 선택하는 것이 합리적일까? 머신을 선택하는 기준은 무엇일까? 값싸고 성능이 좋은 데다, 에스프레소 추출과 우유스팀이 잘되는 머신이면 좋겠지만 보다 현실적으로 머신을 선택하려면, 창업하려는 상권의 피크타임 때 몇 잔이 팔릴 수 있는지를 먼저 고려해야 한다. 손님이 몰리는 피크타임 때 에스프레소를 얼마나 추출해야 하는지를 따져봐야 한다. 번쩍번쩍한 머신이야 나도 한 대쯤 갖고 싶지만 굳이 피크타임 때 100잔 이상 나가는 상권이 아니라면 2,000만 원이 넘는 3구짜리 머신은 굳이 사지 않아도 된다.

나의 이상형 머신이었던 라마르조코 GB5 3그룹은 추출보일러 5리터, 스팀보일러 11리터 용량이다. 연속으로 에스프레소를 추출하여 아메리카노(더블샷) 83잔을 온도의 큰 변화 없이 안정적으로 만들 수 있는 보일러 용량이다. 라마르조코는 추출보일러와 스팀보일러가 따로 가동되는 듀얼 보일러를 장착해서 83잔을 연속으로 뽑았을 때 첫 번째 추출샷과 83번째 추출샷의 온도 편차가 크게 나지 않는다고 한다. 다른 동작은 제외하고 추출하는 것만 계산해본다면 한 그룹만 사용하여 연속으로 뽑았을 때 40분 정도 되는 시간이다. 이 짧은 시간에 83잔이라니 대단한 상권이다. 세 그룹을 함께 사용하면 시간은 더 짧아질 것이다. 결론은 정말 대단한 상권에서나 무리 없이 쓰는 머신이라는 것이다. 이런 머신을 그다지 바쁘지 않은 상권에 위치한 카페에 놔두기는 좀 아쉽다. 인테리어용으로 혹은 과시용으로 또는 다른 디테일한 이유로 놓을 수도 있긴 하지만 말이다.

현실적으로 온도의 큰 변화 없이 안정적으로 뽑아내는 머신이면 적당하다. 무조건 장비가 좋아야 커피 맛이 좋은 것이 아니다. 커피에 대해 잘 알고 다양한 원두의 성질을 파악하여 이를 맞춤으로 잘 적용한다면 당신도 맛있는 커피를 추출할 수 있다. 서툰 실력으로 괜한 연장 탓을 하지 말자.

# 예민함이 발견한 디테일

인테리어가 거의 끝나갈 때쯤 번쩍번쩍한 에스프레소 머신이 도착했다. 머신을 설치하고 나니 마치 모든 것이 다 준비된 것처럼 기분이 좋았다. 머신을 보며 커피를 뽑아내는 설렘 가득한 상상을 했다. 기분 좋은 상상을 하며 설치된 머신을 사랑이 가득한 눈으로 여기저기 살펴보다가 이상한 것이 눈에 띄었다. 보면 볼수록 양쪽 그룹헤드 샤워스크린의 외관 안쪽에 있는 무언가가 서로 달라 보였다. 처음엔 내 눈이 이상한 것인가 의심했지만 아무리 봐도 달랐다. 일단은 양쪽 샤워스크린의 외관 사진을 찍었다. 그리고 다음 날 바리스타 교육을 받고 있었던 학원에 가서 물어보았지만, 그곳에서도 사진을 보고 아무도 이상한 점을 발견하지 못했다. 의문을 가진 채 다시 카페로 돌아왔다. 다시 머신을 살펴보아도 이상한 것이 분명했다.

가장 간단한 방법이면서 눈으로 확실하게 확인할 수 있도록 나사를 풀어보기로 했다. 염려가 됐지만 그대로 다시 장착하면 된다고 스스로에게 용기를 북돋으며 나사를 풀었는데, 웬걸! 왼쪽과 달리 오른쪽 샤워스크린 안쪽의 추출 쇳덩어리가 반대로 끼워져 있었다(쇳덩어리의 정확한 명칭은 디퓨저다). 이것을 사진으로 찍어 바로 머신 판매회사의 담당 엔지니어에게 전송했다. 사진을 전송받은 엔지니어는 그런 일은 없을 테지만, 한번 확인해보겠다며 카페에 찾아왔다. 확인 결과, 원래부터 기계 장착이 잘못되었다고 한다. 나의 예민함이 결함을 발견한 것이다.

"제조국인 이탈리아에서부터 잘못 장착되어서 왔습니다. 죄송합니다."
"이런 일이 종종 있었나요?"
"아니요. 제가 10년 차 근무 중인데 처음입니다."

과연 내가 처음인 걸까. 아니면 사람들이 발견을 하지 못한 것일까 의문이 들었다. 만약 이대로 사용했다면 어떤 문제가 발생했을지 모르겠다.

나의 예민함으로 디테일을 잡아낸 사건이 하나 더 있다. 에스프레소 머신과 그라인더를 설치했을 때였다. 본격적으로 원두를 분쇄해서 에스프레소를 추출하는 것을 연습하기 시작했다. 두 종류의 에스프레소용 원두를 사용했기에 에스프레소용 그라인더도 두 대를 설치해서 번갈아가며 연습했다. 그런데 한 그라인더를 작동할 때 이상한 점이 있었다. 원두를 분쇄할 때의 소리가 정상적인 그라인더와는 좀 다른 것 같은 느낌이 들었다. 비교군이 있기에 더 빨리 알아챌 수 있었다. 이 의심을 해소하기 위해 샤워스크린 때처럼 또 직접 해체해서 눈으로 확인해봐야겠다는 생각이 들었다.

결국 그라인더를 해체했지만, 이번에는 해체를 해도 이상한 점을 발견하지 못했다. 그래서 담당 엔지니어에게 전화를 했다. 뭐가 문제인 줄은 모르겠지만 예민하게 원두를 갈아야 할 새 그라인더가 왜 이 모양인 것이냐고 물었다. 엔지니어는 그럴 리가 없을 거라며 확인을 위해 바로 카페를 찾아왔다. 30분을 이리저리 살펴본 후 돌아온 답변은,

"칼날이 너무 많이 접촉되고 있네요. 그라인더 불량입니다. 죄송합니다."

정확히 말하면, 판매사의 잘못은 아니다. 이탈리아 제조사에서 사람이 직접 조립하다 보니 간혹 이런 일이 발생할 수 있다고 한다. 왜 내가 산 기계들은 새것인데도 매번 문제투성이인지 의아했다. 그렇지만 누구에게나 일어날 법한 일들이더라도 내가 남들보다 더 예민하고 섬세해서 그런 것들을 발견할 수 있는 것이라며 긍정적으로 생각하기로 했다. 예민한 탓에 힘들기도 하지만, 그것들을 값진 경험으로 승화시켜 다른 사람에게 도움이 될 만한 정보를 제공할 수도 있으니 말이다. 이제는 '모든 것이 다 잘되어가고 있다'라는 믿음으로 이런 일들이 닥칠 때마다 득도한 듯 웃게 된다. 시간이 좀 더 지나니 그 믿음으로 나는 카페를 운영해나가고 있다.

# 이곳은 'CAFE 7번길'

    내가 누군가의 이름을 불러주었을 때 그가 내게로 와서 꽃이 되듯이, 누군가에게 의미 있는 카페를 만들기 위해서는 우선 카페 이름을 잘 지어야 한다. 처음에 내가 창업을 준비하던 개인 카페의 이름을 '초록 숲 CAFE'라고 지으려 했었다. '초록 숲'은 생각을 정리하러 갔던 제주도에서 결정한 것이었다. 제주도의 '사려니 숲길'을 걷다 보니 마음이 편안했고, 숲길을 거닐던 다른 사람들도 여유로움을 느끼고 있었다. 초록 초록한 숲길을 보며 사람들이 마음을 안정시키고 싶어 한다는 것을 깨달았다. 그래서 카페의 이름을 '초록 숲'으로 하겠다고 돌아오는 비행기 안에서 완전히 결정했다. 그리고 얼마 지나지 않아 디자인 실장을 만나 회의를 했다. 카페가 생길 골목을 미리 둘러보고 왔던 디자인 실장은 카페 이름을 듣더니 조심스럽게 말했다.

"그곳과 비슷한 집의 하나로 오해를 받을 수도 있지 않을까요?"

카페가 있는 이곳은 바로 옆에 모텔도 있고 야릇한 이름의 간판이 달려 있는 주점들이 모여 있는 뒷골목 길이다. 그 주점들의 이름은 불타나, 어항, 보물섬, 비너스 등이다. 7번길 골목 입구부터 카페 건너편 근처까지 쭉 화려하게 줄지어 있다. 그곳과 비슷한 집이라 함은 위의 주점들을 이야기한 것이다. 디자인 실장의 말을 들으니 그럴 수도 있겠다는 생각이 들었다. 그렇게 초록 숲 카페 이름은 머릿속에서 스르륵 사라졌다. '그럼 어떤 이름으로 정해야 할까?' 다시 고민에 빠졌다. 며칠 동안 이런저런 이름들을 끄적거렸다. 그러다 번쩍하며 불현듯 머리를 스치고 지나가는 것이 있었다. 바로 이곳의 도로명 주소였다. 이곳은 1번길도 아니고 2번길도 아닌 '7번길'이었다. '7'은 모두가 좋아하는 숫자다. 그런데 이렇게 멋진 이름을 찾아내고도 뭔가 있어 보이는 이름은 영어 이름이 아닌가 하는 생각이 들었다. 나는 다시 7번길과 관련된 영어 이름을 계속 쏟아냈다.

seven street cafe, 7 street cafe, seventh street, 7th street, seven avenue....

여러 가지를 떠올려봤지만, 아무리 생각해도 발음이 어려워서 편한 이름이 좋겠다는 생각이 들었다. 그래서 '그래, 이곳은 동네 골목이니까 정감 있게 가자'고 결론을 내렸다. 역시 한글이 최고라는 걸 다시 깨달으며 카페 이름을 'CAFE 7번길'로 정했다. 요즘은 우리 카페의 별명이 '까7'이 되었다. 들자마자 왠지 내가 까칠한 사장이라는 것 같아서 마음이 조금 불편했지만, '그곳에 가면 즐거운 사장이 있다는 반전을 느끼게 해주겠어!'라고 생각하니, '까7'이 카페 7번길의 귀여운 별명으로 들린다. 역시 나는 다 내 좋을 대로 생각한다.

카페를 개업한 지 시간이 좀 흐르고 카페 이름을 'CAFE 7 Road'라고 부르는 분이 있었다. 그 이름을 들자마자 '왜 나는 street만 생각했을까? road는 부르기도 쉬운데…' 하고 조금 아쉬운 마음이 들었다. 그렇지만 다시 생각해도 '7번길'이 제일 좋다. 카페 이름은 사람들이 부르기도 쉽고 입에도 금세 익숙해져야 좋다. 거기에 카페 이름에 대한 스토리까지 있다면 금상첨화다. '7번길에는 7번길 카페가 있다'라는 단순한 스토리 위에 우리 카페는 7번길의 기적이 될 거라는 은밀한 비밀까지 덧붙인다면 아주 좋은 스토리가 된다.

여전히 처음 온 손님들, 특히 밤에 길을 지나가다 우연히 들르는 손님들은 더 의아해하며 이야기하곤 한다.

"아니, 이런 곳에 이렇게 예쁜 카페가 있는 줄 몰랐네!"

# 로고는 심플하게

카페의 이름을 정했다면, 그다음은 로고를 만들 차례다. 카페의 남다른 의미가 담겨 있는 로고는 당신의 카페를 더욱 멋지게 만들어 줄 것이다. 나는 인테리어의 가장 처음 단계인 콘셉트 기획 때부터 카페 로고를 구상했다. 카페 인테리어를 설계하는 디자인 실장은 많은 아이디어를 갖고 있었고, 서로 준비한 자료로 몇 번에 걸친 카페 콘셉트 회의를 진행했다. 그렇게 몇 차례 긴 시간 동안 회의를 진행하며 오고 가던 말 속에서 카페의 콘셉트가 결정됐다. 풀과 꽃이 많은 내추럴한 느낌의 콘셉트였다. 자연스레 로고의 느낌도 비슷하게 정하기로 했다. 그렇게 얼마 지나지 않아 내부 인테리어의 방향이 구체적으로 정리되면서 로고도 함께 만들어졌다.

'카페 7번길'의 로고는 컵의 형태처럼 보이면서 화분으로도 보이는 테두리 안에 세밀한 주름이 있는 꽃잎이 담겨 있다. 물론 숫자 '7'도 함께한다. 일반적인 로고보다는 다소 복잡하고 세밀하게 이루어져 있다. 그래서 로고가 만들어진 후 여러 가지 관련 인쇄물들을 제작하면서, 카페 로고로는 적당하지 않다는 걸 깨닫게 되었다. 로고는 일단 심플해야 한다. 카페 로고는 모니터나 스크린에서만 보는 것이 아니기 때문이다. 로고는 간판부터 시작해서 종이컵, 홀더, 유리컵, 도자기컵, 냅킨 등 카페에서 쓰이는 모든 물품에 인쇄된다. 그래서 섬세함을 요구하는 로고는 인쇄물에 적합하지 않다.

'카페 7번길' 로고에는 꽃잎 안에 수많은 주름들이 있다. 인쇄할 때 굉장히 정교한 작업이 필요하다. 유리컵과 도자기컵에 로고를 인쇄할 때 세 번이나 재인쇄를 요청했다. 로고를 작게 조정하면 꽃잎의 선들이 뭉치는 문제가 생겼다. 그래서 작은 잔에는 '카페 7번길'이라는 텍스트를 뺀 로고만 넣었다. 모든 작업이 완료된 후, 컵 인쇄 업체에서 최근 들어 가장 힘든 작업이었다고 고백했다. 그렇게 작업자를 힘들게 했던 카페 로고는 컵에 인쇄하고 나니 무척 예뻤다. 특히 유리컵에 새겨져 있는 꽃 로고는 참 예쁘다. 여럿이 고생했던 만큼 예쁘게 나와서 내심 흐뭇했다.

카페 로고가 인쇄된 컵들

개인 카페에서 컵까지 인쇄해서 사용하니 프랜차이즈 카페로 생각하는 손님들이 간혹 있다. 카페를 운영하는 입장에서, 손님이 쓰는 물품에 카페 로고를 인쇄하는 것은 당연하다고 생각했다. 눈에 자꾸 보이면 기억에 새겨지기 마련이다.

카페 로고가 인쇄된 냅킨

냅킨에는 좀 더 간소화된 로고로 바꿔 인쇄했다. 뭔가 급하게 만든 느낌이 들긴 하지만 단순한 디자인도 괜찮아 보였다. '카페 7번길'의 로고를 지금보다 미니멀하게 바꾼다면 어떻게 될까? 계속 생각 중이다.

Hot 아메리카노 머그컵 400ml / Hot 라떼 머그컵 340ml / Take out 13oz

카푸치노 250ml / Take out 10oz

Ice 아메리카노 유리컵 480ml / Ice 라떼 유리컵 473ml / Take out 16oz

카페 7번길은 뜨거운 아메리카노 머그컵과 따뜻한 라떼 머그컵의 사이즈가 다르다. 아메리카노 컵이 라떼 컵보다 좀 더 크다. 아메리카노 컵은 커피를 다 채우지 않고 라떼는 컵 위까지 다 채운다. 라떼는 컵 위까지 우유 거품이 담겨 있는 모습이 보기 좋기 때문에 컵 사이즈를 다르게 했다. 표면장력 때문에 넘치진 않는다. 그리고 아이스 아메리카노 유리컵은 길고 좁은 잔을 사용하고, 아이스 라떼 유리컵은 묵직하고 입구가 넓은 잔을 사용한다.

# 가구와 소품 선택하기

## 1. 탁자, 테이블

인테리어 시공이 끝나고 카페 주방 기기들이 설치된 후에는 가구와 소품을 선정하고 배치해야 한다. 이때 일단 인터넷에서 가구를 찾아보는 것이 좋다. 카페의 이미지와 콘셉트에 어울리는 가구들을 고르고 가격들도 알아보자. 구입하려는 가구들이 대략적으로 정리되면 직접 가구점으로 실물을 보러 가서 사는 것도 좋다. 모니터로 보는 것과 실물로 보는 것은 차이가 있을 수 있기 때문이다.

나는 인터넷으로 가구들을 알아본 후에 을지로4가 가구거리를 찾아갔다. 을지로4가는 대로양쪽이 다 가구업체다. 이 거리를 둘러보다 보면 인터넷에서 대략적으로 골라둔 탁자와 의자들이 보일 것이다. 이곳의 가구 업체를 다섯 군데만 둘러봐도, 카페 분위기와 어울리고 가격도 적당한, 마음에 드는 탁자와 의자를 찾을 수 있다. 몇 가지가 선정되면 의자에 앉아보면서 생각하자. 의자에 앉았을 때 편안한지, 배치했을 때 카페의 이미지와 어울리는지 여러 가지를 머릿속에 그려보자. 그리고 1순위를 선택하면 된다. 가구거리에는 비슷하거나 동일한 의자들이 가구 업체마다 전시되어 있다. 다 아는 비밀 아닌 비밀이겠지만, 이곳에서는 동일한 가구들도 잘만 고르면 가격도 1~2만 원 정도 싸게 살 수 있다.

마음에 드는 테이블과 의자가 있는 업체를 발견했다면, 그 업체에 발주를 하면 된다. 테이블은 상판과 철제다리의 스타일을 고르고 의뢰하면 제작이 이루어진다. 이때 카페에 필요한 가구들이 있다면 함께 제작해달라고 하면 된다. 나는 철제다리가 길고 상판이 좁은 테이블이 두 개 필요했는데, 이날 함께 의뢰했다.

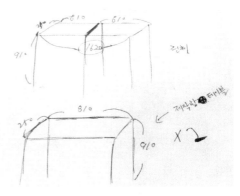

제작 의뢰했던 철제다리가 긴 테이블

가구를 집에 가서 정한 후에 업체를 다시 방문한다는 생각은 버리자. 방문한 당일에 업체에 발주하는 편이 낫다. 카페 오픈이 다가올수록 시간과 체력을 아껴야 하기 때문이다. 이것 말고도 생각하고 준비할 것들이 너무나 많다. 나는 이날 한 업체를 정하고 발주를 넣었다. 시간이 있다면 바로 옆에 있는 을지로 조명거리를 함께 둘러보는 것도 좋다.

## 2. 소품

소품은 인테리어의 완성이다. 화룡점정이라고나 할까. 그래서 카페의 분위기를 더해줄 소품은 인테리어의 콘셉트를 정할 때 꼭 함께 생각해야 한다. 제작해야 하는 소품들은 인테리어 계약을 하기 전, 옵션 사항에 추가하면 좋다. 계약서에 명시되어야 인테리어 공사 중에 이야기하기가 수월하다.

카페 7번길의 소품들은 대부분 제작한 것들이다. 제작 소품들은 카페의 전체 분위기를 만들어 주는 큰 역할을 한다. 큰 소품들을 먼저 정한 다음, 소소하게 분위기를 살려줄 소품은 계속해서 찾으면 된다. 인터넷은 방대한 아이디어 창고다. 인터넷으로 찾기에 눈이 피로하다면 오프라인 매장으로 가보자. 서울 고속터미널역에 소품매장들이 모여 있다. 인터넷에서 미처 발견하지 못한 예쁜 소품들을 발견할 수 있다.

시간이 흐르면서 카페에 어울리는 것들을 하나하나 새롭게 채워가는 것도 소소한 즐거움이다. 개업 초기에 한 손님이 인형 뽑기를 했다며 카카오프렌즈 인형 한 개를 선물로 주고 가셨다. 인형 뽑기 가게가 유행을 시작했던 시

카페 내부의 다양한 소품들

기였다. 그 인형을 쇼케이스에 올려놓는 것을 시작으로 지인들이 하나둘씩 인형들을 채워주기 시작했다. 그렇게 인형들이 점점 채워지더니 이제는 카페 인테리어의 한 부분이 되었다. 인형 친구들이 많아지니 일할 때도 왠지 마음이 즐겁다. 또한 계절별로 소품을 바꾸는 것도 소소한 즐거움이 된다. 카페에 작은 변화를 주는 것은 카페 사장의 몫이다.

PART
03

# 카페 사장의
# 행복한 고민,
# 메뉴

# 창업 초기에
# 메뉴는 러프하게

 

카페에는 커피, 각종 라떼, 주스, 스무디, 티(Tea), 디저트 등 다양한 메뉴가 있다. 이 메뉴 안에서도 종류가 참 다양하다. 프랜차이즈 카페에 가면 다양한 기본 메뉴는 물론, 신메뉴가 꾸준히 출시되고 특색 있는 계절 메뉴들도 많이 나온다. 나는 카페에서 주로 아메리카노와 카페라떼, 바닐라라떼, 밀크티를 주문한다. 눈을 사로잡는 신메뉴가 있다면 가끔 주문해보기도 하지만 말이다. 카페에서 무엇을 먹을지 매번 고민해도 결국 저 네 종류를 벗어나지 않는다. 메뉴가 아무리 많아도 사람들이 먹는 것은 한정되어 있다.

카페 매출의 60퍼센트 이상을 차지하는 것은 단연 아메리카노다. 나머지 20퍼센트는 커피 베리에이션 음료이고, 나머지 20퍼센트가 그 외 메뉴라고 해도 과언이 아니다. 그러니 처음부터 너무 많은 메뉴를 내놓으려고 고민하지 말자. 개업 초기의 메뉴는 적어도 된다. 그러나 대부분 그렇게 하지 않는다. 시간이 흐르고 손에 익을 때 메뉴를 늘려보자. 커피를 판매하는 커피전문점이라면 일단 커피에 집중하는 것이 좋다.

카페를 창업하기로 결심하고 메뉴를 고민하다 보면 커피 외의 다른 메뉴들에 관심이 생긴다. 처음에는 나도 그랬다. 다양한 생과일주스나 스무디 음료도 만들고 싶고, 판매하고 싶은 디저트는 또 어찌나 많은지. 무엇 하나라도 빼면 안 될 것 같았다. 메뉴판에 모두 넣으면 다 날개 돋친 듯 팔릴 것 같은 환상에 사로잡혔다. 생각하면 할수록 황홀한 상상이다. 그러나 나는 곧 현실을 직시했다. 무턱대고 하고 싶었던 메뉴를 줄이고, 내가 빠르게 만들 수 있는 메뉴들만 남겨놓았다. 익숙하지 않은 메뉴들을 만든다는 것에 온몸으로 부담을 느꼈기 때문이다. 더군다나 손님이 뒤에서 바라보고 있는 오픈 주방이기에 더 부담이 됐다. 메뉴가 많더라도 결국 '커피음료가 매출의 대부분'이라는 것을 기억하자.

메뉴 만들기가 익숙해진 요즘은 해보고 싶은 메뉴를 늘려나가고 있다. 그래서 처음 카페를 운영할 때보다 메뉴가 더 늘어났다. 처음 시작할 때는 29가지 메뉴였는데 지금은 43가지가 되었다(프랜차이즈 카페의 음료 메뉴는 50가지가 넘는다). 그중에는 시도해보고 빠진 것도 있다. 처음부터 커피 이외의 메뉴에 너무 고민하지 말자. 메뉴는 차근차근 늘려가도 괜찮다.

## 혼자 일하는 카페 사장님들을 위한 메뉴 추천

### #1

### 빨리 만들수 있는 메뉴

카페 7번길에서 블랜더를 사용하는 메뉴는 한 가지밖에 없다. 블랜더를 돌리고 설거지하는 시간이 생각보다 꽤 걸려서 한 가지만 하고 있다.

### #2

### 다른 카페보다 더 맛있게 만들 수 있는 메뉴

똑같은 메뉴를 만들어도 다른 카페보다 맛있어야 한다. 물론 사람 입맛이 제각각이지만 보편적으로 맛있고 내 입맛에도 맛있어야 한다. 보통의 맛보다 더 맛있으면 합격이다.

### #3

### 손님을 사로잡을 신메뉴

신메뉴를 출시할 때는 계속 만들어가며 먹어봐야 한다. 과연 손님 입에도 맛있을지 레시피를 계속 바꿔가며 검증의 시간을 갖는 것이다. 자신의 레시피에 확신이 생기면 그때 기존 메뉴에 추가하자.

### #4

### 재고 관리가 수월한 메뉴

재고가 많다는 것은 그만큼 관리가 어렵다는 것이다. 재고를 줄이자. 재고 회전율이 빨라야 한다. 과일은 무조건 신선해야 하기에 토마토와 키위 같은 생과일들은 금세 소진되지 않으면 스스로 재고 처리를 해야 한다.

# 디저트는 차근차근
# 시도할 것

카페 창업을 결심하고 나니 음료 외에 부수적인 메뉴에 관심이 더 생겼다. 프랜차이즈 카페에서 보았던 다양한 케이크들과 디저트 맛집의 은은한 조명 아래서 형형색색 자태를 뽐내는 디저트들이 눈에 아른거렸다. 예쁜 머핀, 아기자기한 쿠키 등 완제품 디저트만 생각하다가 살짝 출출한 배를 채울 수 있는 디저트까지 생각이 나아갔다. 야채를 듬뿍 넣은 샌드위치, 달콤 짭짤한 크로크무슈, 입안에서 사르르 녹는 프렌치토스트, 생크림이 듬뿍 올라간 와플 등 무엇을 선택할지 행복한 고민에 빠졌다.

프렌치토스트 맛집에 갔을 때는 그 달콤함과 부드러움에 반하고, 허니브레드가 맛있는 집을 갔다 온 후에는 뜨끈하게 구운 두툼한 식빵 위에 산처럼 올라가 있는 부드러운 생크림에 반했다. 아기자기한 빵으로 유명한 베이커

리 숍을 갔다 온 후에는 그 집 빵을 공수해서 카페에서 판매하고 싶은 마음
도 생겼다. 내가 좋아하는 디저트들을 모두 팔고 싶었다. 음료 메뉴를 선택
할 때도 그랬듯이 구름 위를 둥둥 떠다녔다.

오픈 전에는 무엇을 해도 다 잘 팔릴 것 같은 환상에 빠진다. 어떤 디저트
를 팔지 고민하는 이면에는 '무엇을 하든 다 잘 팔릴 거야'라는 기대가 깔려
있다. 개업을 앞둔 카페 사장들이 대부분 가지고 있는 생각일 것이다. 다양
한 것을 시도해보는 것은 좋지만 일단 창업을 앞둔 곳이 위치한 상권이 어떤
곳인지 파악한 후에 하나씩 늘려가도 괜찮다. 특히 사장 혼자서 하는 카페라
면 차차 늘려가는 것이 좋다. 음료 제조가 익숙하지 않은 상태에서 다양한
디저트까지 만들어내려면 많은 혼란이 가중되기 때문이다(혹시 나중에 이것저것
시도할 계획이라면 주방을 설계할 때 기기들이 들어갈 공간을 미리 생각해야 한다).

그래서 나는 손이 많이 가고 시간이 걸리는 번거로운 음료 메뉴나 디저트
는 아직도 카페에서 판매하지 않는다. 내가 직접 만드는 디저트는 팔지 않더
라도 완제품 디저트는 수시로 바꿔본다. 완제품 디저트 중 내가 먹고 싶은
것을 주문해보고 맛있으면 판매한다. 디저트 업체는 계속해서 신제품을 만
들어낸다. 다양한 신제품을 먹어보고 메뉴에 새롭게 적용하는 것도 카페 사
장에게는 소소한 즐거운 일이다. 디저트는 차근차근 하나씩 시도해보자. 시
간은 많다.

# 고객의 니즈가
# 최우선

나에게는 다른 카페보다 더 맛있게 만들 수 있는 메뉴만 판매하겠다는 소신이 있다. 똑같은 메뉴를 만들어도 다른 카페보다 맛있어야 하고 마치 신의 한 수와도 같은 미묘한 맛의 차이를 내지 못한다면 그 메뉴를 팔지 않기로 했다.

그러다 카페를 한 지 일 년 반이 지날 무렵부터 평생 취급하지 않을 것처럼 생각했던 재료들을 주문했다. 그것은 바로, 시나몬 가루와 헤이즐넛 시럽, 아이스티(복숭아, 레몬, 망고) 가루였다. 이 재료들은 손님이 아무리 찾아도 절대 구입하지 않겠다는 나만의 고집이 있었다. 카푸치노에 뿌리는 시나몬 가루의 향이 맛있는 커피의 향을 덮어버린다는 것이 이유였다. 아이스티 가루들은 어디서나 똑같고 특별하지 않은 맛이라서 내키지 않았고, 헤이즐넛 시럽은 헤이즐넛 커피에 대한 괜한 거부감 때문이었다. 따지자면 다른 시럽 커피도 마찬가지인데 말이다.

"헤이즐넛 없나요?"
"왜 여기는 시나몬 가루가 없어요?"
"카페에 아이스티가 없어요?"

이런 질문을 받으면 당당하게 없다고 했고, 특히 시나몬 가루가 왜 없냐는 질문에는 "시나몬 가루가 커피 향을 덮어버려서요. 그냥 드셔보세요! 카푸치노 맛있습니다."라고 덧붙여 말하곤 했다. 그러던 어느 날, 헤이즐넛 커피를 찾던 손님이 없다는 내 말에 그냥 가버린 날이었다(헤이즐넛 커피를 찾는 손님은 헤이즐넛이 없으면 다른 메뉴를 고르지 않는다). 그날은 이상하게 돌아가 버린 손님의 뒷모습이 오래 기억에 남았다. 그리고 머릿속에 지금까지와는 다른 생각이 스쳐 지나갔다.

'손님들이 가끔씩 찾더라도, 찾는 것이 꾸준하다면 메뉴에 넣어야 될까?'
'나는 괜한 고집을 부리고 있는 걸까?'

고객의 니즈에 맞춰 카페 사장의 생각은 진화되어야 한다. 이것은 초심을 지키지 못하고 변심하는 것과는 다른 것이다. 모든 것을 적용하라는 게 아니라 분별해서 잘 적용하면 된다. 다른 카페에는 다 있는 메뉴 재료를 혼자만의 유별난 이유를 대면서 나는 위의 세 가지 재료를 구입했다. 특히 아이스티는 수십 번의 테스트를 통해 나만의 레시피를 만들었다. 영업 방식은 진화되어야 살아남을 수 있다. 다양한 고객들을 감당하기 위해선 카페 사장의 고집도 때론 무용지물이 될 수 있다. 적용하는 그 과정에서 변함없이 기본을 지키되 분별하여 변화를 주면 된다.

아메리카노를 주문할 때 손님마다 추가적으로 원하는 주문 사항이 있다. 그것은 싱글샷(원샷) 아메리카노와 시럽 넣은 아메리카노다. 개업 초창기에는 추가 주문 사항이 있는 손님에게 다시 의견을 물어보곤 했다. 싱글샷(원샷)만 넣은 연한 아메리카노를 원하는 손님에게는 우리 커피는 쓰지 않다고 하며 더블샷(투샷)을 넣는 건 어떠시냐고 말했다. 시럽을 넣은 달달한 아메리카노를 원하는 손님에게는 우리 커피는 풍미가 좋다며 일단은 시럽을 넣지 말고 드셔보시는 건 어떠냐고 제안하기도 했다.

지금은 손님이 원하는 대로 메뉴를 만든다. 싱글샷(원샷) 아메리카노와 시럽 넣은 커피를 주문하면 바로 만들어 드린다. 또는 '연하게 만들어 드릴까요?', '시럽 넣어 드릴까요?' 하며 먼저 물어볼 때도 있다. 커피는 향과 맛을 즐기기 위한 기호식품이고, 개인의 취향은 가지각색이다. 자신이 원하는 취향대로 먹어야 맛있는 법이다. 이것을 깨닫지 못한 개업 초창기에는 괜한 고집을 부렸다.

헤이즐넛 시럽과 시나몬 가루가 카페에 준비되니 찾는 손님이 꾸준하다. 헤이즐넛 커피만 주문하던 손님은 가족들 모두가 자주 방문하는 단골이 되었다. 손님이 원하는 것이 꾸준하다면 시도해보자. 카페는 손님이 원하는 음료와 휴식을 제공하는 공간이다. 카페 영업에 유연한 융통성을 발휘하길 바란다.

# 04

# 메뉴엔 없어도
# 유연하게

카페를 하다 보면 손님들의 취향에 따라 맞춤 음료를 만들 때가 있다. 그렇게 단골손님만의 맞춤음료가 만들어지면, 손님이 "항상 먹는 걸로 해주세요"라고 했을 때 "네, 드시던 걸로 해 드릴게요!"라고 할 수 있다. 손님과 뭔가 끈끈한 신뢰가 생겼다고나 할까. 그러던 어느 날, 단골손님을 위한 맞춤음료가 우리 카페 메뉴엔 없지만 어엿하게 이름을 가진 하나의 메뉴였다는 것을 알게 됐다.

'물 적게! 에스프레소 더블샷'

'카푸치노에 우유를 더 적게'

이 두 가지 맞춤 메뉴의 원래 이름은 무엇일까? 손님 중에 아메리카노의 물을 적게 해서 항상 Hot으로 드시는 분이 있다. 이제는 "아메리카노요"라고만 주문해도 내가 알아서 맞춤 메뉴로 만들고 있다. 그런데 어느 날 커피 관련 책을 뒤적이다가 이것이 온전한 메뉴명을 가진 음료였다는 것을 깨달았다. '물 적게! 에스프레소 더블샷', 이것은 바로 '롱블랙'이었다.

롱블랙을 만드는 방식은 아메리카노보다 적은 양의 물 위에 에스프레소를 붓는 것이다. 그러면 크레마 층이 물 위에 살아 있다가 시간이 지나면 사라진다. 크레마의 형태를 살리는 방식의 제조법이다. 그리고 일반적인 아메리카노의 레시피는 에스프레소를 먼저 넣고 그다음 뜨거운 물을 붓는 것이다. '그게 그거 아니야?'라고 할 수 있지만 물이 먼저인지 에스프레소가 먼저인지에 따라 처음 몇 모금 마실 때 맛의 미묘한 차이가 있다.

나는 아메리카노를 만든 직후 물 위에 크레마 층이 살짝 덮여 있는 것이 좋아서 뜨거운 물을 넣고 에스프레소를 붓곤 했다. 이렇게 하면 9기압으로 함께 내려온 크레마가 첫 모금 입안에 들어올 때의 그 깊은 풍미가 좋다. 나만의 취향으로 아메리카노를 만든 것이 롱블랙 방식의 아메리카노였다. 그런데 요즘은 에스프레소를 먼저 넣고 물을 부어 처음부터 크레마와 물을 섞어 마시는 것이 좋아졌다. 처음에 마시는 몇 모금의 부드러운 느낌이 좋다. 이 레시피가 또 언제 바뀔지는 모르는 일이지만.

2008년에 뉴질랜드에 갔을 때 나는 그곳에서 플랫화이트라는 메뉴를 처음 보았다. 일 년 뒤 한국에 돌아왔을 때도 그 메뉴가 가는 곳마다 보이진 않았다. 세월이 좀 흐른 후에 대형 프랜차이즈 카페에 플랫화이트라는 메뉴가 생겼다. 나는 마치 신문물을 저 멀리 타지에서 먼저 접한 사람의 우월감을 아주 살짝 느꼈다. 그리고 최근에 깨닫기 전까지는 플랫화이트를 라떼보다 거품이 거의 없는 커피로만 기억했다. 손님이 '카푸치노에 우유를 더 적게'라고 주문하던 것을 별 생각 없이 주문 그대로만 만들던(카푸치노용 우유스팀을 한 후 컵에 우유를 적게 담았다) 어느 날, 커피 관련 책을 읽으면서 그것이 '플랫화이트'인 것을 깨달았다(롱블랙에 대해 깨달은 것과 같은 시점이다). 물론 카푸치노와 플랫화이트의 거품 입자 크기는 다르다.

손님의 주문을 되짚어봤을 때 손님은 거품의 입자는 상관없이 그저 에스프레소 더블샷 그리고 음료를 받았을 때 카푸치노보다 더 적은 양의 진한 커피우유를 원했다. 주문 정보를 가지고 짐작해보았을 때 아마도 손님은 플랫화이트를 원했던 거라고 추측했다. 그리고 자료를 찾아본 다음 나만의 플랫화이트 레시피를 만들었다. 카푸치노를 만들 때 사용하는 동일한 양의 우유로 우유스팀 할 때 공기 주입을 적게 하여 플랫화이트의 거품을 만들면 된다. 그러면 우유의 부피가 카푸치노처럼 커지지 않는다. 플랫화이트는 카페라떼보다 더 적은 입자의 거품을 만드는 것이기 때문이다. 그 손님이 다음에 왔을 때 간단한 설명과 함께 플랫화이트로 만들어 드렸다. 나름 뿌듯했다.

롱블랙과 플랫화이트라는 메뉴는 호주나 뉴질랜드에서 넘어온 것이라는데, 개인 취향처럼 나라별 취향이라고나 할까? 굳이 메뉴에 없어도 되지만 물과 우유의 비율에 따른 메뉴명이 있다는 것은 알아두자. 손님이 메뉴명으로 이야기할 수도 있으니 말이다. 이제 만약 손님이 "여기는 롱블랙이 없네 요?" 하면 "롱블랙으로 만들어 드릴게요!" 하면 된다. 메뉴판에는 없지만 그 손님만의 맞춤 메뉴를 만들 수 있다.

여기서 잠시 헷갈리는 메뉴 몇 개를 다시 정리해보았다. 아메리카노와 롱 블랙은 물의 양 차이로 구분할 수 있고, 플랫화이트와 카페라떼, 카푸치노는 우유 양과 거품 입자의 차이로 구분할 수 있다. 각각 스팀 된 우유 입자의 크 기가 다른 메뉴지만 편의상 거품과 스팀우유의 양으로 구분해보았다.

아메리카노와 롱블랙

플랫화이트와 카페라떼, 카푸치노

카페 사장은 기회가 된다면 새로운 것을 접해야 한다. 그리고 커피의 동향도 살펴야 한다. 손님이 지나가며 던지는 한마디 한마디에 귀를 기울이고(대신 흔들리지는 말고) 새로운 것이 있다면 알아보자. 편견과 고집은 버리고, 유연하고 융통성 있는 카페 사장이 되자.

# 최상의 맛을 찾아서

　원두마다 최적의 에스프레소 추출량이 있다. 물론 최적의 분쇄도 조절이 선행되어야 한다. 쓰고 있는 원두의 최상의 맛을 구현할 수 있는 최적 추출량을 찾아내는 것이 바리스타의 할 일이다. 에스프레소 최적의 추출량과 물의 적정한 비율이 맛있는 아메리카노를 만든다.

　개업 전에 에스프레소와 물을 섞는 비율에 대해 한동안 고민했다. 이미 알고 있었던 기본 비율은 에스프레소 더블샷(30ml×2)에 물은 300ml였다. 1:5의 비율인 것이다. 그렇다면 원두마다 에스프레소의 최적 추출량이 달라지는데, 1:5의 비율이라면 추출된 에스프레소 양에 따라 물의 양도 달라져야 하는 것인지 고민됐다.

　궁금증을 해결하기 위해 여러 차례 테스트를 진행했다. 가장 먼저 알고 싶었던 것은 물의 양을 고정해놓았을 때 에스프레소 추출량에 따라 달라지는 아메리카노의 맛이었다. 추출량이 다른 에스프레소가 물에 섞였을 때 가장 맛있는 아메리카노를 찾으면 되겠다고 생각했다. 이 과정을 통해 원두의 에스프레소 최적 추출량을 찾아내는 것이다. 물의 양은 300ml에 맞췄다. 그리고 에스프레소 추출량을 각각 달리하여 물에 넣으니 맛이 미묘하게 달라졌다. 완성된 아메리카노의 양도 자연스레 달라졌다. 예를 들어 20ml 더블샷(20ml×2)은 340ml, 25ml 더블샷(25ml×2)은 350ml, 30ml 더블샷(30ml×2)은 360ml가 되었다.

그러다 보니 추출된 에스프레소 양에 따라 물의 양도 달라져야 하는 것인지도 고민이 됐다. 원두가 바뀔 때마다 최적 추출량이 달라지면? 에스프레소와 물의 비율이 1:5라면 20ml 더블샷(20ml×2)은 물이 200ml가 되어야 하고 25ml 더블샷(25ml×2)은 물이 250ml가 되어야 하는 건가? 테스트를 하면 할수록 점점 미궁 속으로 빠졌다.

테스트를 하다 보니 컵 사이즈에도 혼동이 왔다. 아메리카노 양이 달라지면 컵 사이즈가 매번 달라져야 하는 것인지. 컵 사이즈를 고정해놓고 아메리카노 양을 다르게 하면 물이 적은 듯한 느낌이 들 수도 있을 것 같았다. 그리고 컵이 달라지든 물의 양이 달라지든 이것을 손님 입장에서 보기에는 혼란스러울 수 있다. 모든 카페는 컵 사이즈에 따라 판매가가 다르게 책정되어 있기 때문이다.

숱한 테스트로 둔감해지는 혀가 정신을 바짝 차릴 수 있게 물로 입을 행구기를 수십 차례… 결국 내가 쓰려던 원두의 가장 맛있는 에스프레소 최적 추출량을 찾았다. 이리저리 생각한 끝에 물의 양은 300ml로 고정시키기로 하고 에스프레소 추출량만 유동적으로 가기로 했다. 어느 바리스타가 에스프레소와 물의 황금비율을 알려주면서 160ml의 물에 에스프레소 20~30ml를 넣으라고 했었다. 더블샷은 에스프레소 40~60ml를 320ml의 물에 넣는 것이 된다. 그렇다면 이 레시피도 물의 양이 고정되어 있고 에스프레소 추출량에 간극이 있는 것이다. 이렇게 허용오차 범위 안에서 만드는 것이 좋은 커피 맛을 얻는다고 결론을 내게 되었다.

사실 에스프레소의 최적 추출량은 순전히 바리스타의 입맛과 취향이다. 요즘 들어 나는 에스프레소 30ml 용량에 가까운 추출로 아메리카노를 만들고 있다. 너무 쓴맛이 추출될 수 있으니 원두마다 조절을 잘해야 한다. 또한 원두가루의 양과 추출시간의 변수를 주고 농도를 달리하여 계속 테스트해보고 있다. 커피의 수율과 농도에 대한 지식이 더 필요하다는 것을 느낀다. 그렇지만 지금은 순전히 나의 입맛으로만 체크하고 있다.

카페라떼를 만들 때도 각각 브랜드가 다른 우유를 사와서 에스프레소와 섞은 다음, 맛을 체크했다. 어떤 브랜드의 우유가 섞였을 때 가장 맛있는지 알고 싶었다. 이 테스트 과정에서 우유 브랜드별로 미묘한 맛의 차이를 느낄 수 있었다. 더 나아가 초코 가루, 녹차 가루, 바닐라 시럽, 초코 시럽, 캐러멜 시럽도 브랜드별로 맛의 특징이 있었다. 이것을 카페라떼와 섞어 맛을 비교해보았다. 그 당시 비교군이 한 메뉴당 3~5개 정도 되었다. 그렇지만 인내심을 가지고 하나씩 정해나갔다. 허브티를 만들 때 티포트에 넣을 허브 잎의 무게와 물의 양도 혼란스러웠다. 이렇게 하나를 정하면 다음 메뉴가 기다리고 있었다.

이쯤 되니 테스트를 하면 할수록 머리가 터질 지경이었다. '도대체 어떻게 이런 것들을 다들 정했지? 다들 이렇게 하는 걸까? 내가 사서 고생하나?' 하는 생각이 차올랐다. 그러면서도 계속 최상의 맛을 찾고자 하는 집착을 놓지 못했다. 낮에는 못다 한 카페 인테리어 작업을 했고 새벽에는 카페 물품을 인터넷에서 계속 검색하던 시기였다. 시간이 흐를수록 정신과 육체가 지쳐갔다. 최상의 맛을 찾다가 신경쇠약에 걸릴 지경이었다.

최상의 맛이란 도대체 뭘까? 사실 최상의 맛이란 내 까다로운 입맛에 맛있는 것이었다. 내 입맛을 믿고 테스트를 진행하면서 내 취향대로 제일 고급스러운 맛, 깔끔하고 맛있는 맛으로 원부재료 브랜드들을 차근차근 정해나갔다. 이런 과정을 거쳐 나는 모든 재료의 브랜드를 정했고 지금도 여전히 그 브랜드들을 사용하고 있다. 새로운 브랜드의 원부재료를 알게 되면 시도하며 비교해보는 것도 중요하다.

최상의 맛을 찾고자 했던 마음을 분명 개업 후 손님들이 알아줄 것이다. 혹시나 몰라준다 해도 미묘한 맛의 차이를 발견하며 최상의 맛을 찾았다는 자부심이 남는다. 그러니 시도해보고 테스트해보자. 개업 전 신경쇠약은 한 번쯤 겪어봐도 좋지 않을까?

# Fresh coffee
## refresh
## your mind

# 제일 중요한 건
# 역시 원두

커피의 맛을 좌우하는 가장 중요한 요소는 바로 원두다. 좋은 재료가 좋은 음식을 만든다는 것은 누구나 아는 상식이다. 마찬가지로 품질 좋은 원두가 품질 좋은 커피를 만든다. 카페 창업을 하기로 결심하면서 커피 맛은 누구보다도 맛있게 만들겠다고 생각했다. 그냥 평범한 맛이 아닌 맛있는 커피를 만들고 싶었다. 동일한 이름의 음식이라도 '신의 한 수'의 맛이 들어가야 그 음식이 계속 생각나고 계속 가고 싶은 식당이 된다. 어디서나 뻔히 맛보는 커피가 아닌, "음~ 여기 커피 맛있네!" 하는 말이 나올 정도가 되려면 원재료부터 신경을 써야 한다.

내가 창업하고자 했던 카페는 직접 로스팅을 하는 로스터리 카페가 아니었기에 품질 좋은 원두를 잘 로스팅 하는 곳을 찾아야만 했다. 괜찮은 원두를 공급받을 곳을 찾아다녔지만, 내 입맛에 맛있는 원두를 쉽게 찾을 수 없었다. 단지 무난한 맛을 낼 뿐이었다. 5~10분 거리에 카페가 15곳이 넘는 상권에서 그저 그런 맛으로는 경쟁력이 없다고 생각했다. 그런데 내가 원하는 맛을 찾을 수 없으니 시간이 지날수록 답답함은 커져만 갔다.

이곳저곳 너무나도 많은 곳을 알아보며 지치고 예민해진 어느 날, 로스팅을 하고 있는 곳을 발견해서 다음 날 바로 방문했다. 카페 창업을 앞두고 원두를 아직 선택하지 못했다고 하니 공급받을 수 있는 여러 종류의 원두를 커핑 할 수 있게 해주었다. 선택하는 과정에서 신뢰가 생겼다. 내가 염려하던 것을 단번에 해소시키는 '맛있는 커피'가 그곳에 있었다. 맛있는 원두를 발견하니 나의 답답함은 눈 녹듯 사라졌다.

수많은 카페 가운데에서 생존할 수 있는 방법은 무엇일까? 여러 가지 생존 전략이 있겠지만 기본이 되어야 할 것은 커피의 맛이다. 커피가 맛없다는 것은 출발선에서 이미 뒤처진 것이기 때문이다. 커피가 맛있으려면 좋은 원두로 커피를 만들면 된다(물론 바리스타의 기술도 중요하다). 로스팅을 하지 않는 카페라면 좋은 원두를 납품받을 수 있는 곳을 선택하면 된다. 소량 주문도 가능하고 주문 시 당일 로스팅 원두로 납품해줄 수 있는 곳을 찾자. '이만하면 됐지'가 아니라, 정말 맛있다고 생각하는 것을 뒤지고 뒤져서 찾아야 한다. 카페 사장인 내 취향에 꼭 맞는 원두를 찾아야 손님에게 자부심을 가지고 커피를 추천해줄 수 있지 않을까?

# 카페 사장의
# 원두 취향

    카페를 한다면, '커피 부심'이라는 말이 어울리도록 커피에 자신감이 있어야 한다. 바리스타가 자신이 만드는 커피에 대단한 자부심을 갖는다면 커피를 마시는 손님도 그 마음을 느낄 수 있다. 커피가 맛있으려면 당연히 원두가 맛있어야 한다. 맛있는 원두로 커피를 만들고, 자신의 취향을 저격하는 커피라면, 자부심은 알아서 장착될 것이다. 나는 부드러운 산미도 있고 단맛이 나는 원두가 좋다. 원두가 가지고 있는 과일의 단맛, 다크 초콜릿의 단맛, 허니의 단맛은 기분을 좋아지게 한다. 프리미엄급이나 스페셜티 원두를 드립으로 내렸을 때 혀끝에 감도는 스위트한 여운이 너무 좋다.

    커피의 맛에 가장 크게 영향을 끼치는 건 원두다. 로스팅 된 원두는 본래 커피나무에 달려 있는 커피열매였다. 커피열매는 각 나라의 여러 지역에서 수확되어 과육을 제거하고 건조하여 깨끗한 생두가 된다. 과육을 제거하는 가공방식은 생두 품질에 직접적으로 영향을 끼친다. 또한 생두마다 본래 갖고 있는 향미에 변화를 준다.

가공방식에는 워시드(Washed), 내추럴(Natural), 펄프드 내추럴(Pulped natural) 등이 있다. 워시드 가공방식은 열매를 수확한 후 바로 과육을 벗겨 점액질만 남긴 상태에서 발효 후 세척하고 건조하는 방식이다. 이 방식은 과육이 제거된 상태에서 가공하므로 균일한 품질의 생두를 얻을 수 있다. 또한 깔끔하고 은은한 향미를 느낄 수 있다.

내추럴 가공방식은 자연건조 방식(Dry processing)이라고도 한다. 전통적으로 해온 방식으로 열매를 수확한 후 과육을 벗기지 않고 바로 햇빛에 말리는 방식이다. 건조과정에서 과육의 성분이 생두에 스며들기 때문에 생두가 본래 가지고 있는 과실의 향미를 도드라지게 느낄 수 있고 바디감이 묵직하다. 펄프드 내추럴 가공방식은 과육은 벗기지만 끈적끈적한 점액질은 남기고 건조시키는 방식이다. 워시드 방식과 내추럴 방식을 절충했다. 워시드 방식보다는 묵직한 바디감을, 내추럴 방식보다는 깔끔함을 느낄 수 있다.

펄프드 내추럴 가공방식은 브라질에서 널리 사용되고 있다. 이 가공방식은 허니 프로세싱(Honey Processing)이라고 하기도 한다. 허니 프로세싱도 펄프드 내추럴과 마찬가지로 과육을 제거한 뒤 점액질이 붙어 있는 상태로 말린다. 가공과정에서 단맛을 더 스며들게 하는 방식이다. 코스타리카에서는 허니 프로세싱 방법을 더 세분화했다. White, Yellow, Red, Black 등의 가공방식이 있다. 쉽게 말해서 과육 안쪽의 점액질을 남기는 양과 건조과정을 더 세분화하여 가공하는 방식이라고 생각하면 된다. 이 끈적끈적한 점액질이 건조과정에서 꿀과 같은 단맛이 스며들게 하는 것이다.

나는 내추럴 방식으로 가공된 생두를 좋아한다. 동양인들은 내추럴 방식으로 가공된 진한 과일의 향미가 도드라진 맛을 좋아하고 서양인들은 워시드 방식으로 가공된 깔끔하고 은은한 맛을 좋아한다고 한다. 그래서 스페셜티 기준의 높은 점수를 획득한 생두라도 서양인의 취향에 맞는 것이니 나의 입맛에 확 끌리지 않을 수도 있다. 결국 커피 맛의 기준은 취향의 문제인 것 같다.

언제가 될지 모르겠지만 나는 생두를 인터내셔널 대회 또는 생두 농장에 가서 직접 사보고 싶다. 점수가 낮은 생두에서 나의 취향에 맞는 다크호스 원두를 발견하는 것이다. 그러려면 영어 공부도 해야 하고 생두에 대한 공부도 더 해야 한다. 생두에 대해 더 알기 위해서는 로스팅도 함께 배워야 한다. 다채로운 산미와 부드러운 단맛이 감도는 생두들로 맛있게 로스팅을 하고 싶다. 그러려면 수많은 생두를 가지고 로스팅을 해보며 시행착오를 겪어야 한다. 수많은 경험을 쌓고 전문가가 되어야 한다. 말은 쉽지만 어려운 일이다.

커피 산지의 가공방식뿐만 아니라 생두를 볶는 로스팅도 커피의 향미에 변화를 줄 수 있다. 로스팅이 약배전(Light Roast)에서 강배전(Dark Roast)으로 가면서 산미에서 스위트한 맛으로 변화된다. 로스팅 시간에 변화를 줘서 같은 원두인데도 다른 뉘앙스의 맛을 구현해내는 것이다. 이때 과테말라가 케냐의 맛으로 변하는 것은 아니다. 전혀 다른 맛으로 변하는 것이 아니고 생두 본래의 맛에 깊이를 조절하여 뉘앙스에 변화를 줄 수 있다는 말이다. 이렇게 생두를 가지고 여러 가지 다양한 방법으로 가공하면서 향미에 변화를 줄 수 있다.

# 스페셜티를 아시나요?

카페 앞에 우뚝 서 있는 홍보 배너를 보면 대부분 '우리는 100% 최고급 아라비카 원두만 써서 커피를 만듭니다'라는 문구가 적혀 있다. 이 텍스트만 보았을 때 '아, 좋은 원두를 쓴다는 거구나?'라고 생각될 것이다.

그럼 아라비카 원두란 무엇일까? 로부스타 원두와의 차이는 무엇일까? 커피 품종을 살짝 알아보자. 커피나무는 아열대 관목 식물로 꼭두서니과에 속한 코페아종의 식물이다. 이 코페아종은 다시 아라비카종, 카네포라종, 리베리카종, 기타 종으로 나뉜다. 세계 커피 생산량의 대부분을 차지하는 커피의 종류는 아라비카종과 카네포라종이다. 아라비카종에는 티피카, 버본, 게이샤, 카투라 등이 있다. 카네포라종에는 로부스타와 코닐론이 있다.

아라비카종은 해발 900~2,000m의 커피나무에서 수확한다. 산미, 과일의 단맛 등 향미가 좋고 다채로운 맛을 느낄 수 있는 커피 품종이다. 로부스타종은 해발 800m 이하에서 재배된다. 인스턴트커피로 많이 쓰이며 향미가 약하고 쓴맛과 바디가 강한 것이 특징이다.

그럼 요즘 많이 보이는 스페셜티란 무엇일까? 전 세계 커피 생산량의 1% 정도를 차지하지만 고급 커피를 찾는 소비자의 기호에 맞춰 주변에서도 쉽게 접할 수 있게 되었다. 스페셜티 커피는 스페셜티 커피협회(Specialty Coffee Association)에서 정한 기준에 따라 평가하여 생두 350g당 결점두가 5개 이하이며, 테이스팅을 통해 100점 만점에서 80점 이상의 점수를 획득한 커피를 뜻한다. 이 외에도 산지의 특징이 명확해야 한다. 스페셜티 생두는 아라비카종 중에서도 엄격한 기준을 통과한 좋은 품질의 원두다.

스페셜티를 접하지 못했다면 일단 좀 먹어보자. '이게 커피야!?!'라고 할 정도의 깜짝 놀랄 맛이다. 당신이 생각하던 지금까지의 커피와는 전혀 다른 신세계를 접할 수 있다. 아래에 몇 가지 스페셜티의 Aroma(향)과 Flavor(풍미)를 소개한다. 커피에서 살구 맛이 나거나 파인애플 맛이 나고 꿀맛이 나기도 하고 라벤더 향이 나는 것이 믿어지는가? 이것이 스페셜티 커피에서 나는 다채로운 맛과 향이다.

· 케냐 아이멘티 TOP AA(washed)

Lemon, Chocolate Grapefruit, Pineapple

· 케냐 친가쿼 **AA**(washed)

Sweet apricot, Fruity, Nutty, Chocolate


· 에티오피아 예가체프 젤라나 아바야 **G1**(natural)

Apple blossom, Floral, Grapefruit, Applemint, Honey, Syrup


· 에티오피아 예가체프 콩가 **G1**(washed)

Floral, Jasmine, Lavender, Black tea


에스프레소를 기반으로 하는 커피만 마시던 손님은 언젠가는 스페셜티를 경험하게 된다. 그때 손님은 '커피에서 이렇게 다양하고 다채로운 맛을 느낄 수 있구나'라고 깨닫게 될 것이다. 그렇게 경험하는 사람이 늘다 보면 고급 커피의 수요도 점점 더 늘어나게 되지 않을까. 그러니 우리는 미리 다양한 스페셜티를 경험해야 할 것이다(다양한 싱글 오리진 커피도 함께). 지금보다 더욱 스페셜티가 보편화된 그때, 손님에게 많은 이야기를 해줄 수 있는 바리스타가 되어 있었으면 좋겠다.

# 브루잉을 해볼까?

　드립커피를 먹어본 것은 아마도 서른 살 즈음이었을 것이다. 그 전에는 드립커피가 뭔지 몰랐다. 2009년 당시만 해도 골목마다 카페가 있던 문화는 아니었다. 더군다나 드립커피를 파는 곳은 드물었다. 뜬금없이 떠났던 뉴질랜드에서 한국으로 다시 돌아왔던 때가 2009년이었다. 그해 가을, 바리스타 과정에 등록했다.

　학원을 다니며 커피에 대한 지식이 조금씩 쌓이기 시작했다. 그때는 원두에 대해 제대로 몰랐다. 그냥 무조건 케냐는 신 맛, 코스타리카는 꽃 향, 과테말라는 다크한 맛… 이렇게 그냥 단편적인 맛만 있는 줄 알았다. 그런데 커피에 대해 더 알고 나니 그것이 얼마나 단편적인 지식인지 깨닫게 되었다. 커피에 이처럼 다채로운 향미가 있었다는 걸 이제야 점점 더 알아가고 있다.

지금도 가끔씩 '케냐는 시죠?'라고 질문하는 분한테 더 다양한 원두의 맛을 전해주고 싶은 마음이다.

'케냐원두는 시다'라고만 생각하던 시절, 케냐원두는 케냐AA만 있다고 알고 있었다. 심지어 이 AA가 원두의 스크린 사이즈(생두 크기) 등급인 줄도 몰랐다. 그랬던 내가 카페를 운영하다니 사람 일은 모르는 거다. 케냐에도 다양한 원두가 있다. 카페를 오픈한 후 카페에서 사용했던 케냐 원두만 해도 다양하다. 케냐 루키라 골드 AA, 케냐 친가 퀸 AA, 케냐 아이멘티 AA TOP, 케냐 오타야 AA TOP 등인데 이 원두들의 플레이버 노트만 보아도 다채로운 향미를 느낄 수 있다. 그러니 케냐를 단지 '시다'라고 단편적으로 표현하기는 아쉽다. 아래는 내가 사용했던 케냐원두의 Aroma / Flavor 노트이다. 원두의 가공방식은 모두 washed이다.

· 케냐 오타야 루키라 골드 AA

Brown sugar, Burnt sugar, Nut,
Black tea, Dry Dates, Honey

· 케냐 친가 퀸 AA

Sweet apricot, Fruity,
Nutty, Chocolate

· 케냐 아이멘티 AA TOP

Grapefruit, Pineapple,

Lemon, Chocolate


· 케냐 오타야 AA TOP

Black tea, Citrus,

Apricot, Dark chocolate


원두는 마치 와인처럼 참 다양한 맛이 있다. 그리고 이렇게 다양한 원두의 다채로운 맛을 잘 구현해주는 것이 드립커피다. 드립커피란 흔히 우리가 이야기하는 핸드드립 커피다. 브루잉 커피라고도 한다. 필터를 끼운 드립퍼에 적정하게 분쇄된 원두가루를 담고 드립포트를 이용해 적정한 온도의 물을 손기술로 부어주는 것이다. 바리스타의 역량에 따라 맛의 차이가 큰 추출 도구다. 역량에 따라 맛의 차이가 있다는 건 으쓱해지기도 하지만 부담스러운 일이기도 하다. 드립 추출도구에는 칼리타, 멜리타, 하리오 V60, 고노 등 여러 가지가 있다. 추출도구마다 추출구로 빠져나가는 물 빠짐 속도가 다르다. 똑같은 원두라도 드립퍼에 따라 다른 뉘앙스의 맛을 낼 수 있다. 나는 하리오 V60을 쓴다. 하리오는 칼리타나 멜리타보다 물 빠짐이 빠르다. 원두의 깔끔한 맛과 풍부한 향미를 잘 표현해낼 수 있다.

브루잉 과정을 배울 때 똑같은 분쇄도의 커피 가루를 담고 똑같은 온도의 물을 사용하여 똑같은 추출도구로 내렸지만 맛은 다 달랐다. 선생님이 내렸던 커피가 가장 맛있었다. 드립추출이 내리는 사람의 역량에 따라 변수가 많다 보니 똑같은 원두로 내려도 내리는 사람에 따라 맛이 다르다. 똑같아 보여도 커피를 내리는 기술에는 내리는 사람만의 그 무엇이 있다. 그것은 바로 '손맛'이다. 초보에게는 이 손맛이 너무 어려웠다. 물줄기의 굵기, 속도, 낙차 모든 것을 몸에 체득해서 내려야 했다. 이론은 알지만 몸이 잘 따라주지 않았다. 그래서 머릿속에 각인시키기 위해 강의 시간에도 선생님의 커피 내리는 모습을 매의 눈으로 노려보았다. 선생님의 드립 내리는 동영상을 촬영해서 계속 보며 연습했다.

선생님과 똑같은 손맛을 내기 위해서는 그저 그 모습을 똑같이 따라 하면 되는 것인데 그게 쉽게 되지 않는다. 기술을 내 것으로 만드는 방법은 오직 연습뿐이다. 처음에 기본을 잘 배우고 매일 연마하면 능숙해진다. "이정도면 먹을 만하네"에서 "정말 맛있다!"로 가기 위해 부단히 노력하면 된다. 애쓴 만큼 맛으로 보답할 것이다. 그리고 어느 정도 능숙해지면 자신만의 방법으로 연구하여 맛있게 내리는 최적의 방법을 찾아내면 된다. 기본 추출방법에서 나만의 창의성이 더해진 나만의 드립커피가 되는 것이다.

최근에 TV 프로그램에서 추출도구를 변형시켜 새로 고안해낸 도구로 지연드립을 하는 바리스타를 보았다. 드립커피를 진하게 내려서 물을 섞는 방식이다. 나도 일정한 양을 추출하여 뜨거운 물을 섞는 방식을 사용하는데(아이스는 다른 방식이다), 그 바리스타는 시간을 더 들여 아주 진하게 내리는 방식을 사용했다. 처음 보는 색다른 방식이었다. 커피는 이렇게 자신만의 방법으로 잘 내리면 된다. 정답은 없다. 기본에 자신만의 방식을 더해서 맛있는 커피를 만들면 된다.

브루잉 커피에는 다양한 추출도구가 있다. 아직 한 번도 시도해보지 못한 다양한 추출도구들이 있기에 하나씩 섭렵해나가려고 한다. 다양한 원두와 다양한 커피 추출도구를 사용하여 다채로운 커피의 신세계로 손님들을 모시는 것, 그것이 나의 할 일이다. 그렇지만 현재는 에스프레소를 기반으로 한 커피음료가 대세다. 브루잉 도구들로 추출하는 커피들은 에스프레소 머신으로 재빠르게 내리는 식후 땡 커피보다는 여유로운 시간에 즐기는 느린 커피로 생각되곤 한다. 나도 드립커피를 주문하는 분들에게 "드립은 시간이 좀 걸립니다"라고 덧붙여 말한다. 느림의 미학이 있는 커피라고나 할까.

그렇다면 기다릴 시간이 부족한 손님에게 다채로운 원두의 맛을 알려줄 수 있는 방법은 무엇이 있을까? 가장 좋은 등급의 스페셜티를 에스프레소 머신으로 빠르게 추출하는 아메리카노는 어떨까? 원두의 신세계를 에스프레소 머신을 통해 맛보게 하는 것이다.

전에 스페셜티 원두로 추출한 에스프레소로 만든 아메리카노를 마셔본 적이 있다. 그때의 원두는 코케허니였다. 스페셜티를 9기압 머신으로 내려 먹는다는 것은 드립커피로 느낄 수 있는 향미를 구현해낼 수 없다는 아쉬움이 있지만, 그래도 그것은 정말 환상의 맛이었다. 꽃향기를 머금은 강렬한 '아메리카노'라고나 할까.

드립의 느림으로만 체험했던 원두를 에스프레소로 추출해보고 싶다. 다양한 향미의 원두를 다양한 추출방식으로 시도한 커피를 손님들에게 선보이고 싶다. 스페셜티 원두라고 브루잉으로만 한정된 방식으로 추출하고 싶진 않다. 그런데 스페셜티 원두를 에스프레소 머신으로 추출하면 아메리카노는 판매단가가 너무 높아진다. 이것이 현실과 이상의 괴리일까?

에스프레소는 빠르고 강렬하다. 브루잉은 느리고 부드럽다. 빠름과 느림의 커피가 공존하고 그것을 다 경험할 수 있는 카페를 만들고 싶다. 시간이 좀 더 흐른 후 다양한 원두와 추출도구를 함께 경험하는 그런 카페를 만들고 싶다. 사람의 입맛도 다양하고 추출도구도 다양하다. 자신의 취향과 입맛에 맞는 추출도구를 찾아가는 것은 즐거운 일이 될 것이다. 일을 크게 만드는 것 같기도 하지만, 하고 싶은 게 많다는 건 그것을 더 오래 지속할 수 있는 원동력이 된다.

# 05

# 에스프레소에
# 몰입하는 시간

에스프레소 머신에서 에스프레소가 추출되는 것을 본 적이 있는가? 진한 갈색의 걸쭉한 무언가가 '쪼로록' 하고 나오는 것, 그것이 바로 에스프레소다. 똑똑… 또독… 또독… 쪼로로록 하며 에스프레소가 포터필터 더블 스파웃 양쪽에서 샷 잔에 떨어지는 것을 본 적이 있는가? '쪼록… 또독 똑똑…'이 될 수도 있다. 쪼로로록… 하고 이어서 추출되기 전에 잠시 '똑똑… 또독… 또독…' 하고 떨어진다. 이것은 내가 가장 아름다워하는 에스프레소의 추출 형태다. 여건이 되어 추출을 눈여겨본다면 보통 처음부터 쪼로로록 나오는 것을 많이 보게 될 것이다. 그것이 에스프레소 추출의 보편적인 추출 형태다.

내가 원하는 아름다운 추출을 위한 외부적인 요인과 내부적인 요인이 모두 맞아떨어지는 날이 있다. 에스프레소가 '똑똑… 또독… 또독' 하며 샷 잔에 떨어지다가 반짝이는 영롱한 황금빛을 보이며 '쪼로로록…' 하고 나올 때 나는 설렌다.

에스프레소란?

92~95℃의 깨끗한 정수를 이용하여 14~18g의 커피 가루에서 추출해낸 25~35ml의 음료이다. 이때의 압력은 9~10기압이며, 분쇄도는 20~30초 동안 추출될 수 있는 정도이다(편의상 더블샷만 기재).

이것은 일반적인 에스프레소의 정의다. 뭔가 두루뭉술한 정의인 것 같다. 왜냐하면 각 숫자 사이에 있는 '~'의 오차 범위가 있기 때문이다. 이 허용오차의 간극은 무엇일까? 20~30초의 추출 시간과 관련한 허용오차 범위에 대해 내 경험을 기반으로 이야기해보려고 한다.

내가 알고 있는 에스프레소의 기본 세팅 매뉴얼은 16g/30초/30ml이다(가르치는 곳마다 차이가 있다). 일반적으로 카페의 머신은 시간이 세팅된 오토 버튼을 사용한다. 에스프레소 머신의 그룹헤드에 포터필터를 끼우고 버튼을 누르면 추출용량이 많든 적든 세팅된 시간 안에 에스프레소가 추출되는 것이다. 그런데 추출을 계속하다 보면 16g/30초/30ml가 절댓값이 아님을 알게 될 것이다. 그래서 기본 매뉴얼 안에서 조절을 할 줄 알아야 한다. 커피는 예민해서 보편적이기보다는 상대적으로 대하는 것이 좋다.

로스팅 한 지 24시간이 지나지 않은 원두는 이산화탄소가 추출에 방해되어 분명 동일한 무게로 추출을 하더라도 30초가 지나갈 것이다. 그러면 분쇄도를 맞추거나 여러 가지 요인에 변화를 줘야 한다. 로스팅 후 이산화탄소가 알맞게 빠지면 30ml가 추출되는 시간이 단축된다. 맛에도 변화가 생길 것이다. 이때는 맛의 변화에 맞춰 다른 요인에 변화를 주어야 할 것이다.

중요한 포인트는 에스프레소 추출 시 기본 매뉴얼 안에서 '시간을 자유롭게 하는 것'이다. 바리스타 과정을 배우던 초기에 보편적인 조건인 16g/30초/30ml가 딱 맞으면 희열을 느꼈다. 그런데 카페를 개업하고 원두의 변화 과정을 매일 겪다 보니 로스팅, 분쇄도, 원두가루의 양, 탬핑 압력 등 여러 가지 요인에 변수가 생기면 추출시간이 조금씩 달라지는 것을 매번 느끼게 되었다. 그러니 중요조건이라고 생각했던 30초가 그다지 중요하진 않은 시간이라는 것을 알게 되었다. 단지 권장사항일 뿐이다.

최고의 맛, 최상의 맛을 내는 데 시간은 중요하지 않다. 시간은 자유로워도 된다. 그러니 에스프레소 머신의 프리 버튼을 사용하자. 설정되고 제한된 시간 안에서 추출을 당하지 말고 에스프레소의 추출 시간을 내 맘대로 지배하자.

### ☕ ············································· 에스프레소 머신 이용 TIP

머신에 처음부터 세팅되어 있는 프리 버튼 하나만 계속 사용하다 보면 처음보다 터치의 반응이 늦어진다. 그러다 버튼이 완전히 고장 날 수 있다. 이럴 경우 버튼 하나만 교체할 수 없기 때문에 기판 전체를 교체해야 하는 일이 발생한다. 그러니 모든 버튼을 프리 버튼으로 세팅하자.

# 06

# 카푸치노와 카페라떼는
# 무엇이 다를까?

'카푸치노' 하면 입술에 묻힌 하얀 거품이 떠오른다. 카페라떼 역시 부드러운 거품이 가득한 라떼가 생각난다. 카페를 시작하기 전에는 카푸치노와 카페라떼의 차이점을 몰랐다. 카페에서 주문해도 비슷한 것 같아서 그냥 카페라떼를 시키곤 했었다. 카푸치노와 카페라떼의 공통점은 에스프레소에 스팀 밀크를 넣는다는 것이다. 그럼 다른 점은 무엇일까? 이름이 다른 이 메뉴들의 차이는 무엇일까?

카페를 하다 보니, 나이가 드신 손님들이 카푸치노를 많이 찾으시곤 했다. 어르신들은 대부분 진한 커피보다는 연한 커피를 좋아하는 편인데 카페라떼가 아닌 카푸치노로 주문하는 것이다. 내가 만들고 있는 카푸치노는 카페라떼보다 우유의 양이 적다. 그래서 카페라떼보다는 더 진한 커피우유다(카푸치노도 더블샷으로 만들고 있다). 이런 의아함을 가지고 지인과 카푸치노에 대해 이야기한 적이 있다. 지인은 자기 고향의 어느 곳에 옛날식 카푸치노를 파는 곳이 있다고 했다. 그것은 달짝지근한 카푸치노였다고 한다. 그렇다면 어르신들은 옛날식 카푸치노를 생각하며 주문하는 것일까?

일단 간단하게 이야기하자면 카페라떼와 카푸치노는 우유 거품의 입자가 다르다. 카페라떼보다 카푸치노의 우유 거품 입자가 좀 더 크다. 카페라떼는 카푸치노보다 많은 우유의 양으로 조밀하게 거품을 만든다. 카푸치노는 카페라떼보다는 적은 우유의 양으로 입자가 조금 더 커진 거품을 만든다. 다시 말해 카푸치노는 우유 거품의 입자가 크고 우유의 양이 적은 진한 커피우유다. 카페라떼는 우유 거품의 입자가 작고 우유의 양이 많은 커피우유다.

카푸치노는 두 가지 종류가 있다. Dry 카푸치노와 Wet 카푸치노가 있다. 이것도 거품의 크기 차이다. Wet 카푸치노는 카페라떼의 거품 입자보다는 좀 더 크고 조밀한 거품 입자라고 생각하면 된다. 컵에 붓는 방식은 카페라떼의 방식과 동일하다. Dry 카푸치노는 Wet 카푸치노의 우유 거품보다 거칠고 풍성하다. 컵에 붓는 방식은 우유스팀 후 스팀피처 입구 부분을 카푸치노용 큰 스푼으로 막고 우유만 컵에 따른다. 컵이 어느 정도 우유로 채워지면 스팀피처 안에 있는 풍성한 거품을 스푼으로 떠서 컵 위에 소복이 올려준다.

예전에는 입술에 묻히는 풍성한 거품의 Dry 카푸치노가 많았다. Dry 카푸치노는 커피 위로 우유 거품이 풍성하게 올라간다. 그러다 보니 우유 거품이 커피와 분리되어 따로 노는 맛이 들 수 있다. 나는 에스프레소와 우유거품이 잘 섞인 Wet 카푸치노를 만들고 있다. 말 그대로 Wet 카푸치노는 촉촉한 거품이 가득한 커피다. 에스프레소와 잘 섞인 우유 거품이 입에 흘러 들어와서 맛이 참 좋다.

카푸치노의 질감과 형태는 바리스타의 취향대로 만들면 된다. 또는 손님이 원하는 취향대로 만들 수도 있다. 그러니 바리스타는 우유 거품을 자유자재로 능숙하게 만들 수 있어야 한다. 거품 입자의 크기가 작은 순서대로 나열한다면 카페라떼, Wet 카푸치노, Dry 카푸치노라고 할 수 있다. 덧붙여 카페라떼보다 거품 입자가 더 조밀한 플랫화이트도 있다.

쌀쌀할 때 개업한 카페 사장은 여름 판매에 손이 늦고(카페는 여름이 성수기다), 여름 즈음에 창업한 카페 사장은 우유스팀 하는 것을 잊어버린다고 한다. 개업 후 모든 계절을 다 경험한 1년이 지나면 그런 시절이 있었나… 하며 웃겠지만 말이다.

# 벨벳 거품은
# 비장의 무기

만들자마자 먹는 라떼 거품 한 모금은 정말 환상적이다. 그렇지만 결국 라떼 거품도 꺼지게 되어 있으니 라떼가 나오면 바로 그 부드러운 거품을 즐겨보자. 2009년에 처음 커피를 배우러 학원에 갔을 때 우유스팀 내는 것에 잔뜩 겁을 집어먹었다. 항상 우유에는 부글부글 게거품이 일어났다. 나는 매번 스팀 할 때마다 순식간에 뜨거워지는 우유를 어찌할 바 몰랐다. 그렇지만 누구 하나 스팀에 대해 속 시원히 제대로 가르쳐주는 사람이 없었다. 그렇게 어설프게 배운 우유스팀은 나에게 막연한 두려움을 갖게 했다. 그렇게 시간이 흐르고 우유스팀에 대한 두려움이 여전했던 창업 직전, 드디어 괜찮은 바리스타 학원을 발견했다. 그곳에서 나는 좋은 선생님을 만나 우유스팀을 정말 명쾌하게 배웠다.

우유스팀을 제대로 하려면 먼저, 피처에 우유를 담고 스팀팁을 살짝 담근 후 긴장하지 말고 스팀밸브를 연다. 그리고 공기를 칙! 칙! 칙! 주입한다. 꼭 이런 소리가 나야 한다. 요란한 소리가 나지 않도록 주의하자. 우유를 피처에 담을 때는 스팀피처 주둥이의 약 1cm 밑까지 담으면 된다(600ml 피처 기준).

우유의 부피가 어느 정도 커지면 스팀팁을 담가서 롤링을 한다. 롤링을 많이 할수록 우유 거품이 더 벨벳 거품이 된다. 그러다가 롤링 중 손으로 피처를 만졌을 때 '앗! 뜨거' 하는 온도가 되어야 60~70도가 맞춰지는 것인데, '앗! 뜨거' 전에 멈추면 피처는 뜨거워도 우유는 미지근하다. 이것을 명심하고 60~70도 사이의 뜨거움의 간극을 잘 조절해야 한다. 우유스팀이 익숙하지 않을 때는 너무나 순식간에 일어나는 일이라 당황스럽다. 그러나 계속 만들다 보면 그 순간적인 것만 같았던 시간이 너무나 느리게 가는 것이 느껴질 것이다. 손님이 몰린다면 그 짧은 시간이 한없이 더 느리게 느껴진다.

벨벳 거품으로 스팀한 우유를 머그컵에 따르고 그때 바로 한 모금 마실 때의 기분은 황홀할 지경이다. 라떼 거품을 어떻게 환상적으로 만들 수 있을까? 그냥 정석대로 하면 된다. 피처를 많이 움직일 필요도 없다. 단지 아주 미세한 움직임만 필요하다. 그것만 해주면 황홀한 마이크로입자의 우유 거품을 만들 수 있다.

우유 거품도 차별화 전략을 세워야 한다. 에스프레소와 잘 섞인 우유의 벨벳 거품이 입안으로 들어올 때의 황홀함이 손님에게 기억되게 하자. 미세한 입자의 마이크로폼을 만들 수 있는 기술을 훈련하면 비장의 무기가 된다. 우유 거품을 능수능란하게 만드는 것도 바리스타의 실력이다.

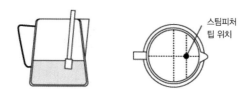

스팀피처
팁 위치

스팀피처 안의 스팀팁 위치

스팀하는 모습

## 1. 밸브 개방하기

먼저 우유를 스팀하기 전에 밸브를 개방하여 스팀을 5초 이상 빼주고 밸브를 닫는다. 그런 다음 우유 속에 스팀팁(스팀이 나오는 부분)을 너무 깊이는 말고 수줍게 잘 숨겨서 밸브를 다시 과감하게 개방하라. 이때 중심을 잃으면 게거품이 우르르 나오니 조심하자.

## 2. 공기 주입하기

우유가 뜨거워지기 전, 섬세하게 공기 주입을 해야 한다. 롤링 직전 우유의 부피를 키우는 과정이다. 익숙해지다 보면 피처의 어느 높이까지 공기 주입을 해야 하는지 기준이 세워진다. 피처 안의 정확한 위치에 스팀팁을 담그고 공기 주입을 하자.

## 3. 롤링 하기(피처 안의 우유를 회전시키는 과정)

롤링을 하는 과정은 우유 안에 주입된 공기를 작게 쪼개서 부드러운 벨벳 거품으로 만드는 과정이다(이때 공기 주입은 멈춰야 한다). 롤링을 하는 시간이 길어질수록 입자가 고운 거품을 만들 수 있다. 그렇지만 롤링을 너무 오래 하면 우유의 부피가 더 커지고, 온도도 높아진다. 점점 피처 끝으로 올라오는 우유의 양을 잘 조절해야 한다. 공기 주입의 횟수와 롤링의 시간을 잘 조절해야 환상적인 라떼와 카푸치노의 거품을 만들 수 있다.

## 4. 온도 체크

60~70도의 온도가 가장 마시기 좋은 온도이지만, 사실 마시기 좋은 온도라는 것은 좀 애매하다. 사람에 따라, 나이에 따라 따뜻함을 느끼는 혀의 감각이 다르기 때문이다. 계절에 따라 따뜻함을 느끼는 온도도 다르다. 60도에서 점점 더 높아지는 따끈한 라떼를 만들고 싶다면 롤링 되는 시간이 길어야 하니 공기 주입을 좀 줄여야 한다. 롤링의 시간을 생각하고 공기 주입을 해야 한다. 롤링을 하다가 본인이 원하는 온도가 되면 우유스팀을 멈춘다.

## 5. 잔에 예쁘게 따르기

잔에 스팀우유를 부을 때는 에스프레소를 잘 안정화시키며 유연하게 부어야 한다.

# 라떼의 온도

나는 카페를 하기 전까지만 해도 뜨거운 것을 잘 만지지 못했다. 그래서 그룹헤드에 장착된 포터필터를 빼서 원두가루를 담고 레벨링 하는 작업이 처음에는 대단히 고역이었다. 레벨링이란 탬핑 하기 전에 원두가루가 필터 바스켓 안에 골고루 분포될 수 있게 평평하게 만드는 작업이다. 이 작업을 할 때 포터필터의 필터 바스켓 부분에 손이 살짝 스칠 뿐인데도 뜨거워서 레벨링을 제대로 못 할 지경이었다. 포터필터가 뜨거운 걸 알면서도 만져야 할 때는 마치 고문을 참아내는 기분이었다(지금은 이 작업을 손으로 하지 않고 탬핑과 동시에 하고 있다).

그러나 만 3년이 되어가는 지금은 예민했던 손의 온각이 좀 둔해졌다. 이 제는 제법 뜨거운 것도 잘 만진다. 그런데 문제는 뜨거움을 느끼는 온각이 둔해지다 보니 따뜻한 라떼를 만들 때 나도 모르게 온도를 살짝 더 오버하는 경향이 생긴 것이다. 앞에서 이야기한 것처럼, 우유스팀을 할 때 피처를 손으로 만져서 온도 체크를 한다. 나는 라떼가 조금 더 따끈한 것이 좋아서 개업 초창기에 온도를 살짝 높이곤 했다. 그런데 요즘은 마셨을 때, 너무 뜨거운 수준까지 가버렸다.

그래서 이제는 우유 거품이 올라온 높이와 피처 안에서 우유가 소용돌이치며 내는 미세한 소리로 온도를 판단한다. 손의 감각뿐만 아니라 시각과 청각을 동원하는 것이다. 이 일을 하면 할수록 손이 뜨거운 온도를 느끼는 감각은 더 둔해질 것이다. 무엇이든 초심으로 돌아가는 것은 중요하지만, 안타깝게도 손의 감각은 이제 처음으로 돌아갈 수 없다. 커피도 계속 먹다 보면 카페인에 무뎌져서 점점 진한 것을 원한다. 시럽 커피도 시럽의 단맛에 둔해지다 보니 점점 달게 만든다. 손님이 너무 달다고 하면 그제야 '앗!' 하며 정신을 차린다. 음료를 만들 때 초창기 레시피에서 세웠던 기준을 자꾸 넘는다 싶으면 다시 정비할 시점이 된 것이다.

커피 베리에이션 음료의 우유스팀 온도는 63~65도 정도가 되면 딱 좋다. 70도는 너무 뜨겁다. 스팀우유를 컵에 붓고 에스프레소와 섞으면 60도 언저리가 된다. 커피가 들어가지 않는 라떼 음료는 우유스팀 온도를 더 높게 하는 것이 좋다. 가루로 된 재료를 우유와 섞어주는 과정이 있기 때문이다. 67도 이상은 되어야 재료를 스팀우유와 섞었을 때 온도가 내려가면서 60도 언저리가 된다.

내 경험으로 봤을 때 58~62도가 따끈하게 마실 수 있는 적당한 라떼의 온도인 것 같다. 내가 느끼는 58도는 따뜻하고, 62도는 따끈하다. 이것은 내 혀끝의 온도로 이야기하는 주관적인 견해다. 사람마다 혀끝의 온도는 다 다르다. 그러니 모든 것은 스스로 테스트해보자. 그리고 기준을 세워놓고 손님의 취향대로 라떼의 온도를 맞추면 된다. 카페 사장이라면 항상 예민하게 촉각을 세우고 정비해야 한다. 처음에 당신이 맛있어서 만든 그 레시피를 잊지 말자.

# 09

# 하트만 그려도 괜찮아

거품을 잘 냈다면 이제는 누구나 그리는 커피 위에 하트를 그려보자. 라떼 아트는 커피를 마시는 즐거움을 더해주는 행위다. 그러니 거창한 그림은 접어두고서라도 바리스타라면 하트는 그릴 줄 알아야 한다.

나는 개업 전에 하트가 잘 안 그려져서 꼼수를 부렸다. 라떼 컵을 낮은 커피 잔에서 높은 머그컵으로 선택했다. 입구가 넓은 잔보다 좁은 잔이 수월하다고 생각한 것이다. 그러나 그건 잘못된 선택이었다. 깊이가 깊은 머그컵이 초보에게는 좀 더 어려운 컵이었던 것이다. 그러나 컵은 이미 카페에 도착했다. 연습을 시작했지만 도착한 깊은 머그컵에는 아무리 여러 번 시도를 해도 하트가 그려지지 않았다. 스팀 된 우유는 안정화된 에스프레소 밑으로 하염없이 쑤욱 빨려 들어가며 마지막에 하얀 점만 찍혔다. 잘 스팀 된 우유 거품은 커피와 아주 잘 섞여서 속절없이 점만 찍고 사라졌다. 혼자 연습하면서 좌절의 연속이었다.

그때 버린 우유의 양이 얼마나 어마어마했던지. 개업 날은 다가오는데 속도 모르는 스팀우유는 컵에 하얀 점만 계속 남겼다. 하트의 유무로 바리스타의 실력을 가늠하는 손님들의 모습이 상상되어 마음이 무거웠다. 기껏 주문제작한 컵을 바꿔야 하나 하는 생각도 들었지만, 공들인 시간과 노력, 제작비가 아른거려 '배우자, 무조건 배워서 하트를 그리는 거야'라는 비장한 결론에 다다랐다.

기술의 기초는 사람을 통해 배워야 한다. 그래야 응용할 수 있다. 하트라도 제대로 그려보고 개업하자는 심정으로 나는 라떼하트반을 개업 직전까지 속성으로 수강했다. 처음 생각했던 개업일자보다 두 달 가까이 늦어진 시점이었지만 다급한 마음으로 속성수업을 들었고, 그때 나는 하트의 깨달음을 얻었다. 하트라도 제대로 그리고 싶은 사람이 급하게 깨달은 비밀을 여기 공개한다. 일단 우유를 잘 스팀하여 벨벳 거품으로 만든 후에 다음의 순서대로 해보자.

1. 스팀우유를 급하게 컵에 쏟아붓지 말고 여유를 가지고 우아하게 부어야 한다. 컵을 살짝 기울인 상태에서 스팀우유를 부어주자. 이때 낙차는 낮게 해야 한다. 10cm 이내의 높이에서 에스프레소를 안정화시키면서 유연하게 손목을 살살 돌려가며 붓는다. 여기

서 안정화란 추출된 에스프레소 크레마를 흐트러트리지 않고 안 정시키는 것이다.

2. 어느 정도 우유가 컵에 차오르면 붓는 것을 아주 잠깐 멈춘다. 바 로 컵과 피처의 낙차를 더 줄인다. 그리고 그림 시작지점에 피처 를 최대한 가까이 대고 우유를 부어준다. 표면에 미끄러뜨린다는 느낌으로 부어준다. 그때 하트의 처음 모양이 나온다.

3. 하트의 모양이 시작됐다면 스팀우유를 미끄러뜨린다는 느낌으로 부으며 하트를 그려준다.

4. 하트의 모양이 어느 정도 완성이 되어간다면 컵을 든 손은 살살 조 절하며 점점 수평으로 만든다. 그리고 피처를 살짝 올려 하트를 가르는 느낌으로 전진한다. 그리고 하트의 꼬리를 만든다.

5. 이렇게 잘 따라 하면 하트는 저절로 그려진다. 정말이다!

여기서 중요한 것은 에스프레소에 스팀우유를 붓는 낙차다. 그림이 처음 그려지는 시점에 컵과 피처의 낙차를 줄여야 한다. 커피 표면과 피처가 만나 는 틈을 최대한 가깝게 해준다. 그리고 그림 시작지점부터 스팀우유를 미끄러뜨린다는 느낌으로 부으며 하트를 만드는 것이다. 가장 중요한 기본이자, 수많은 연습을 통해 내가 몸소 깨달은 팁이다. 이것을 깨닫고 나서 라떼아트 동영상을 보면, 보이지 않던 것이 보이게 된다. 그것이 바로 '낙차'다.

만약에 마음이 급해서 하트가 제대로 그려지지 않았다면, 에칭 핀으로 마블링을 만들자. 별다른 기술은 필요하지 않다. 해보면 안다. 하얀 무늬를 중심으로 살짝 휘저어주면 독특한 무늬가 나올 것이다. 그것도 예쁘다. 라떼아트의 종류는 무궁무진하다. 볼수록 정말 신기하고 매력적이다. 핸들링 훈련을 열심히 하다 보면 자신만의 아름다운 라떼아트를 만들 수 있을 것이다.

# 10

# 당신만의 소소한
# HOME CAFE

우리는 집에서도 커피를 즐길 수 있다. 홈 카페의 장점은 정해져 있지 않은 시간에 혼자 여유를 부리며 집에서 즐길 수 있다는 것이다. 요즘은 에스프레소를 추출하는 도구들로 홈 카페를 만드는 사람들이 많다. 작지만 번쩍번쩍한 가정용 에스프레소 머신으로 커피를 뽑아내면 그야말로 세련된 멋이 있다.

나는 아날로그 도구들의 감성이 좋다. 하나하나 도구들을 장착하고 물을 끓여서 붓는 낭만적인 커피 장인의 모습이 슬쩍 보인다. 왠지 자동 머신보다는 아날로그가 폼 난다. 지인에게 폼 나게 내려줄 수도 있고, 커피에 대해 아는 척을 좀 해도 먹힐 것이다. 아날로그 도구가 마음에 들지만, 손기술이 없어서 주저하는 사람에게 추천해줄 만한 도구가 있다. 바로 '클레버'다. 말 그대로 영리한 추출도구다. 클레버를 사용하면, 손기술이 없어도 드립커피의 맛을 낼 수 있다. 맛은 하리오 V60보다 더 묵직하다. 진한 풍미를 느낄 수 있다.

클레버 추출방식은 다른 필터 추출도구와 마찬가지로 드립퍼에 필터를 끼우고 커피 가루를 넣고 물을 붓는다. 이때 물을 손기술로 원을 그려가며 붓는 것이 아니라 조금은 조심스럽게 한꺼번에 그냥 붓는다. 손기술로 인한 맛의 차이를 줄일 수 있는 도구라고나 할까. 어느 추출도구나 마찬가지로 이 도구도 여러 변수가 있지만 말이다. 그리고 뜸을 들인다. 뜸 들이는 시간에 나는 커피 향이 참 감미롭다. 어느 정도 시간이 지나고 드립퍼를 컵이나 서버에 올리면 커피가 아래로 쭈욱 추출된다. 참 간편하다. 간편하지만 다양한 맛의 향미를 느낄 수 있다.

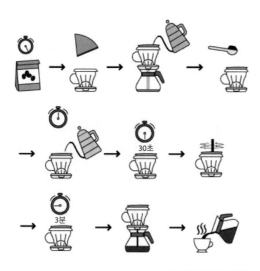

나만의 클레버 사용법

**물 양과 원두가루의 양 등 변수를 주어 본인의 취향에 맞춰 가면 된다.**

1. 18g의 클레버 드립용으로 분쇄된 커피 가루를 준비한다. 초시계도 준비한다.
2. 드립퍼에 필터를 접어서 끼운다.
3. 필터를 뜨거운 물로 한 번 헹궈준다.
4. 필터에 커피 가루를 담고 수평을 맞춘다.
5. 93℃의 물 250㎖(1인용 기준)를 드립퍼에 붓고 초시계 시작 버튼을 누른다.
6. 30초 정도 1차 뜸을 들인다.
7. 스틱을 이용해 필터에 닿지 않게 깊숙이 5번 정도 잘 섞어준다.
8. 초시계가 3분이 될 때까지 2차 뜸을 들인다(뚜껑을 덮는다).
9. 3분이 되면 서버에 올려서 커피를 추출한다.
10. 풍부한 커피의 향미를 즐긴다. 진하다고 느껴지면 물을 조금 희석해도 좋다.

PART
05

# 하루하루
# 버티는
# 카페 사장의
# 일상

# 이곳에 카페가 있어요!

개업 초기, 지인들이 문전성시를 이루는 '오픈빨'이 끝나면 분명 카페는 한동안 한가할 것이다. 그러면 그때부터 여러 가지 생각이 밀려오면서 '뭔가 잘못 돌아가고 있다'라는 생각을 할 수도 있을 것이고 이대로 괜찮은지 걱정도 될 것이다. 그러다 손님이 문을 열고 들어오면 '그래, 괜찮아지겠지' 하다가도, 다시 한가해지면 매출 증진을 위해 '무엇을 해야 하나'라는 불안감이 시도 때도 없이 찾아올 것이다. 아마도 자리 잡기까지는 이 심경의 변화가 끊임없이 반복될 텐데, 일단 결론을 말하자면 염려하지 말자. 마음만 힘들 뿐 염려한다고 달라질 건 없다. 차라리 그 시간에 카페를 위한 일을 차분히 모색해보자. 그리고 맛있는 커피를 만들며 버티는 수밖에. 참 어려운 일이지만 말이다.

카페 7번길은 뒷골목에 위치해 있다. 더군다나 이 길은 대로변보다 유독 바람이 세기 때문에 추우면 사람을 거의 볼 수가 없다. 이런 것을 카페 개업 전에는 잘 몰랐다. 겨울이 코앞인 10월 말일에 오픈했기에 매우 춥거나 비가 오는 날이면 개미 한 마리 지나가지 않는 길을 쳐다보며 나는 수많은 상념에 젖었다.

내가 전에 다녔던 직장은 외식 프랜차이즈 기업이었다. 홍보실에 입사하여 회사가 운영하는 브랜드 정보를 머릿속에 차곡차곡 담다보니, 그제야 회사가 관리하는 집 근처에 있는 프랜차이즈 가맹점이 눈에 들어왔다. 나는 몰랐지만 20년을 한결같이 그 자리에서 오랫동안 영업을 했던 장수점포였다. 어릴 때부터 쭉 자란 곳이고, 매번 지나다니던 거리에서 고개만 돌리면 있는 위치였지만 그 점포가 있다는 걸 알지 못했다. 카페도 마찬가지다. 새로운 카페가 생기고 사람들 눈에 '아, 여기 카페가 있구나'라고 인식되기까지 얼마나 오랜 시간이 걸리겠는가. 물론 대로변의 한눈에 들어오는 번쩍번쩍한 카페를 말하는 것은 아니다.

봄이 찾아오고 날씨가 점점 따뜻해지면서 7번길에도 사람이 제법 많이 지나다니기 시작했다. 카페 창업 7개월이 넘은 시점에 새로운 손님들이 들어오면서 물었다.

"여기 카페가 있었네! 오픈한 지 얼마 안 됐나 봐요."
"7개월 정도 되었어요!"

"네?(못 믿겠다는 듯한 표정으로) 나 이 근처 사는 사람인데, 지나다니면서 한
     번도 못 봤는데…."
"저희 카페가 좀 숨어 있긴 하죠? 자주 오세요!"


저 손님만의 이야기는 아니다. 그 즈음에 새로운 손님들이 올 때마다 이런
질문들을 수없이 들었다. 이 질문은 카페를 창업한 지 1년이 넘도록 이어졌
다. 하나의 가게가 오픈하고 손님이 찾아오고 단골이 되기까지 얼마나 많은
시간이 채워져야 하는 것일까? 그러니 한 번 온 손님은 절대 놓쳐서는 안 된
다. 정성을 다해야 한다. 마음은 마음으로 통한다. 카페를 오픈한 지 만 3년이
다 되가는 시점이지만, 지금도 손님이 엄청나게 몰려오는 것은 아니다. 그냥
이 자리를 지키며 인내하고 끈기 있게 버텨 내고 있다. 단골들이 번갈아가며
방문하여 카페가 북적일 때 그때 비로소 그곳은 많은 사람들로부터 사랑받는
커피 맛집이 된 것이다.

# 02

# 알다가도 모를 커피

카페 사장으로 하루하루 살아갈수록 이미 알고 있던 수치들이 그대로 적용되지 않을 때가 있다. 직접 부딪치고 경험을 쌓다 보면, 전에 알고 있던 수치가 완벽한 것이 아니라는 것을 알게 된다. 수치 너머의 것이 있다는 것을 발견하게 된다. 에스프레소를 추출할 때에도 마찬가지다. 매일 에스프레소를 추출하다 보면 시각과 후각을 이용한 판단 능력이 생긴다.

에스프레소가 추출되는 모습을 매번 보다 보니, 추출 컨디션만 보고도 맛있게 나오는 것인지 체크가 가능하다. 포터필터의 더블 스파웃에서 처음 흘러나오는 에스프레소의 추출 상태를 보면 감이 온다. '오! 잘 추출되어 맛있는 커피가 되겠구나'라며 추출형태를 볼 줄 알게 된 것이다.

어떤 날은 에스프레소가 영롱하게 반짝이며 시각적으로 맛있게 흘러나오면서 풍기는 향도 아주 기가 막히게 날 때가 있다. 커피의 풍부하고도 깊은 향이 콧속으로 깊게 후욱 하고 들어온다. 그야말로 눈과 코를 홀리는 추출이다. 최상의 커피 맛을 만들기 위해 외부요인과 내부요인 그리고 나의 마음까지 모두 손을 꽈악! 잡았다는 느낌이 든다. 이것의 과학적 원리는 잘 모르겠지만. 이 깊은 향이 나면 정말 맛있다. 이미 코가 커피의 깊은 향으로 홀렸기에 더 그렇게 느껴질 수도 있다.

커피를 만들다 보면 변수가 정말 많다는 것을 느낀다. 그러니 항상 커피 맛에 촉각을 세우고 여러 경우의 수를 두고 접근해야 한다. 그 과정이 쌓이고 쌓이면 그것이 당신의 커피 지론이 될 것이다. 그런데 주의해야 할 것이 있다. 세상은 계속 변화한다. 시대의 흐름 속에서 내가 아는 것이 지금은 맞고 나중에는 틀릴 수가 있다. 하늘 아래 영원한 것은 없다. 일시적일 뿐이다. 그러기에 커피도 진화하고 계속 변화한다.

그래서 창업 후 여러 방면으로 새로운 것을 접하는 것이 중요하다. 계속 본인의 주관만 가지고 나아가다 보면 결국 고인 물이 된다. 자신만의 주관이 점점 고집으로, 아집으로 퇴색되고 만다. 자신의 견해에 집착하게 되는 것이다. 그러기에 눈과 귀를 열고 마음을 열고 새로운 것을 받아들이는 자세가 중요하다. 기본은 흔들리지 않되, 생각의 유연함을 지닌 전문가가 되자. 고집불통 전문가보다는 유연함을 지닌 프로가 더 좋다. 커피의 여러 지식을 다방면으로 접하고 현상을 통찰하는 전문가가 되는 것이 나의 바람이다.

# 03

# 카페 사장의
# 루틴 업무는 중요한 일상

한때 에스프레소 머신에서 비명을 지르는 것처럼 '삐이이이이이~' 하는 소리가 난 적이 있다. 아무 소리가 들리지 않다가 갑자기 나는 소리였다. 좁은 카페에서 머신이 비명을 지르니 꽤 신경이 거슬렸다. 머신 업체에 AS 요청을 하니, 엔지니어가 카페로 방문해서 머신의 상태를 점검해주었다. 소리가 나는 것은 어느 한 부분의 문제라고 단정할 수 없는 여러 가지 문제에 의해 생길 수 있는 상황이라고 했다.

사람이나 기계나 똑같다. 모든 것이 복합적으로 작용하여 제일 약한 부분에서 문제가 드러난다. 그래서 문제일 수 있는 부분들을 하나하나 점검해 나가기 시작했다. 한 가지를 점검, 조치하고 며칠 동안 나는 상태를 확인했다. 그러나 곧 또 비명소리가 났다. 그러면 다시 엔지니어가 방문하여 다른 한 가지를 점검 및 조치하고 또다시 상태를 확인하길 수차례 반복했다. 이 과정

중에 감압밸브 설치, 정수필터 교체, 익스텐션 밸브 점검을 거쳤지만 여전히 머신은 나에게 얇고 길게 비명을 질러댔다. 원인이 무엇인지를 계속 고민했던 엔지니어는 결국 머신 안쪽 파이프에 있는 스케일을 제거하고 최종적으로 3A 그룹 솔레노이드 밸브라고 불리는 것을 교체했다.

최후의 수단을 적용하고 난 뒤 머신의 얇고 긴 비명은 사라졌다. 아마도 파이프 안에 커피 찌꺼기나 스케일이 껴 있어서 그랬을 거라고 한다. 이건 내가 청소를 제대로 하지 않아서 생긴 일일 것이다. 처음 몇 달간 나는 백브러싱을 제대로 하지 않았다. 백브러싱은 역류 청소를 말한다. 세제를 넣고 역류 세척 청소를 해줘야 커피가 추출되는 샤워스크린을 포함한 그룹헤드, 3A 그룹 솔레노이드 밸브에 붙어 있는 커피 찌꺼기 성분들이 사라진다. 커피 한 잔을 뽑더라도 백브러싱을 해줘야 한다. 매일 청소하지 않아도 된다는 어떤 풋내기 엔지니어의 말만 듣고 포터필터와 그룹헤드 안쪽만 매일 청소하고, 백브러싱은 3~5일 간격으로만 했었다. 그런데 결국 매일 하지 않았던 백브러싱 청소 작업을 기억하라고 머신이 비명을 지른 것이었다. 사소한 루틴 업무 같지만 사소한 것을 잊으면 이렇게 크게 돌아온다.

에스프레소 머신의 그룹헤드 안쪽을 닦은 후의 마감 백브러싱은 매우 중요한, 그리고 매일 이루어져야 하는 루틴 업무다. 에스프레소 맛에도 영향을 미친다. 더불어 포터필터도 매일 바스켓과 분리하여 세척해야 한다. 매일 해야 청결한 상태를 유지할 수 있다. 머신을 매일 관리하고 청소하는 것은 정말 중요하다. 에스프레소 머신은 기계이기에 언젠가는 고장이 나게 된다. 머신은 한 번 고장 나면 그때부터는 돈 먹는 하마라고 생각하면 된다. 그러니 그 시점을 최대한 뒤로 미루기 위해서 매일 관리하고 닦아주고 예뻐해줘야 한다. 그래야 건강한 상태로 카페에서 함께 오랫동안 갈 수 있다.

루틴 업무는 그저 매일 해 나가는 것이다. 습관이나 일상처럼 루틴 업무는 매일 행해져야 한다. 갑자기 엄습한 게으름으로 미루거나 대강 처리한다면 다음에도 미루거나 대강 처리할 수 있는 핑계를 자꾸 만들게 된다. 사소하지만 굳건하게 매일 해야 할 일을 매일 하는 것, 그것이 바로 공간이 오래도록 잘 유지되는 비결이다.

카페를 하는 삶은 다소 여유롭더라도 지루하고 반복적인 삶으로 흘러갈 것이다. 그러니 이런 여유 안에서 계속해서 카페를 위한 생각을 해야 한다. 카페 운영은 똑같은 업무의 반복이다. 지루한 반복이라고 할 수도 있다. 그래서 더 빠르게 매너리즘에 빠질 수 있는 위험이 있다. 이곳에서 어떤 자극을 주는 것은 오롯이 사장의 몫이다. 그 안에서 소소한 변화와 지속적인 신메뉴 출시, 디저트 메뉴의 변화 등 변화를 줄 것은 정말 많다. 프랜차이즈 카페만큼은 아니더라도 소소하게 계속 변화를 줘서 살아 있는 카페를 만들어야 한다. 뭔가를 계속해서 찾고 변화시키고 발전된 카페를 만들어보자.

한곳에 묵묵히 있는 카페는 신뢰감을 준다. 그렇지만 이것은 정체를 의미하는 것은 아니다. 묵묵히 있되, 그 안에서 변화하고 활력을 갖자. 편안함과 안정감을 주면서 지속적으로 신선함을 손님들에게 선사하자. 그것이 개인 카페가 오래 버티는 길이다.

# 루틴 업무가
# 커피 맛을 지킨다

원두가 로스팅 되어서 오면, 그라인더 호퍼에 담기 전에 결점두(편의상 정상 원두가 아닌 원두를 모두 포함)를 골라내자. 로스팅 과정에서 잘 점검된 원두들은 결점두가 거의 없지만 관리가 제대로 안 된 원두는 결점두의 비율이 정말 많다.

오른쪽에 보이는 것이 결점두이다.

결점두(우측)

커피 센서리 수업 중에 여섯 개의 커핑 잔에서 결점두가 단 한 알 들어간 커핑 잔 두 개를 맞추는 문제가 있었다. 디펙트(Defect)를 찾는 테스트였다. 어려워 보였다. 그렇지만 컨디션이 좋지 않아 그날따라 입맛이 아주 예민했던 나는 몇 번 맛을 본 후 맞추고 말았다. 찾아내고 내가 놀랐다. 이렇게 결점두 한 알이 들어가도 맛이 달라지는데 한 잔에 두 개 네 개… 여섯 개가 들어간다고 생각해보자. 커피 맛은 깔끔함에서 점점 멀어지는 맛으로 변질될 것이다. 이렇게 결점두 하나가 커피 맛에 영향을 미친다. 향미에 민감한 손님은 커피 맛이 평소와 다름을 안다.

그러니 원두를 주문해서 사용하는 카페라면 사소하지만 매일 결점두를 골라내자. 매의 눈으로 잡아서 아웃시키자. 나는 그라인더 호퍼에 넣고서도 매일 결점두를 골라내기 위한 사소한 작업을 한다. 아무렇지 않아 보이는 사소한 것들이 모여 커피 맛에 영향을 주기 때문이다.

매일의 루틴업무가 커피 맛을 지킬 것이다. 바리스타라면, 카페 사장이라면 작은 맛 차이를 예민하게 구분하는 능력이 있어야 한다. 계속해서 갈고 닦아야 한다. 이 사소한 작업이 얼마나 큰 의미가 있는지 본인이 알아야 목적성을 부여할 수 있다.

커피 맛은 거기서 거기가 아니다. 모르는 사람이나 하는 말이다. 카페 사장이라면 작은 차이에서부터 커피 맛을 지켜내자. 커피 맛에 영향을 주는 여러 가지 부정적인 요인으로부터 지켜내야 한다. 품질 높게 일정한 맛을 유지하자. 사소한 것을 지켜내는 매일의 노력은 헛수고가 아니다. 사소한 것이 중요한 것이다. 사람은 맛있는 것을 먹으면 기억한다. 맛있는 커피를 마시면 그 카페가 기억될 것이다. 그냥 커피 말고, 오래 기억될 맛있는 커피를 만들자.

# 그라인더와 친해지기

    카페를 운영하다 보면, 그라인더와 많은 시간을 함께하게 된다. 나는 처음에 안핌 수동 그라인더를 구입하려고 했다. 그랬더니 카페 사장인 지인이 안핌은 열 발생으로 인해 커피 맛에 변화가 생긴다고 했다. 또한 수동이어서 계속된 도징으로 손목에 무리가 온다고 했다. 그러니까 결론은 사지 말라는 말. 이 말을 듣고 귀가 팔랑거리며 마음이 흔들린 나는 그날부터 바로 손목을 편안하게 해줄 자동 그라인더를 찾아보기 시작했다.

    그런데 에스프레소 추출을 위한 커피 가루의 무게를 예민하게 잡아줄 자동 그라인더를 구입하려면 견적이 올라갔다. 덜 예민한 자동 그라인더는 비교적 견적이 낮았지만 그다지 마음에 들지 않았다. 더군다나 내 카페는 에스프레소용 원두가 두 종류여서 그라인더를 두 대 구입해야 했다. 그러니 두

배의 비용이 필요한 나에게 섬세함을 가진 자동 그라인더는 언감생심이었다. 게다가 카페에는 드립용 그라인더도 필요했다. 젊어서 고생은 사서도 한다고 했으니 돈을 쓰지 말고 고생을 좀 해보는 걸로 결론을 내렸다.

어쨌든 커피 가루를 내가 원하는 무게대로 예민하게 조절해야 하고, 원하는 가격대를 맞추기 위해서는 안핌 수동 그라인더가 나에게 제격이었다. 그래서 내게 저울은 필수 아이템이다. 결국 나는 나와 맞춰갈 수 있는 장점을 크게 보고 안핌 수동 그라인더를 두 대 구입했고, 지금도 큰 무리 없이 잘 쓰고 있다. 수동이기에 나는 매번 도징 후 저울을 사용한다. 한 박자 느려도 할 수 없다. 여전히 커피 맛에 예민해지고 싶기 때문이다.

그런데 나중에 알고 보니, 반전이 있었다. 견적의 차이는 예민하게 커피 가루의 무게를 잡아주는 정도의 차이가 아니라, 칼날의 차이였다. 자동 그라인더는 에스프레소 머신의 오토 버튼처럼 시간을 세팅해놓고 분쇄를 한다. 내가 마음에 두었던 견적이 높은 자동 그라인더는 칼날의 크기가 크고 분쇄 속도가 빠르다. 그래서 연속 작동 시 마찰열이 적다. 분쇄 시 발생되는 열은 커피의 향미에 변화를 줄 수 있다. 그러기 때문에 마찰열이 적을수록 향미를 균일하게 유지시킬 수 있다. 다시 말해 연속 작동 시 커피 맛을 균일하게 유지시키는 머신일수록 견적이 높다고 할 수 있다. 그라인더 관련 특강을 들었음에도 듣고 싶은 것만 들었나 보다. 개업 직전의 신경쇠약도 한몫했을 것이다.

그라인더 견적의 차이를 다시 정리해보면, 칼날의 종류와 크기 그리고 똑같은 칼날이라면 자동이냐 수동이냐가 견적에 차이를 준다. 그래서 피크타임 때 손님이 얼마나 올지 예상해보고 에스프레소 머신이나 그라인더를 선택해야 한다. 짧은 시간 안에 연속으로 얼마나 분쇄하고 추출해야 하는지를 가늠해야 한다.

어쨌든 기대했던 것과 다른 그라인더의 반전으로 깨달은 것이 있다. 그라인더의 반전 이야기를 해준 엔지니어에게 "내가 알고 있던 그라인더가 아니었네요. 완전히 착각하고 있었네요!"라고 말했다. 사람이든 기계든 한정된 정보를 가지고 바라보면 오해하기 마련이라는 생각이 든다. 에스프레소 머신 가격과 맞먹는 그라인더를 몸값이 예사롭지 않다는 이유로 겉모습으로 보이는 정보만 가지고 판단했다. 정확한 정보를 들어도 제대로 듣지 못했다.

살다 보면 상대는 가만히 있는데 내가 기대하고 상상했던 모습으로 바라보고 판단할 때가 있다. 또한 내가 중요하게 생각하지 않는 것이 상대에게는 중요한 것이기도 하다. 결국에는 다 파악하고 이해했다고 생각했지만 결국 오해로 돌아오기도 한다. 그러니 모든 것에 있어서 내 한정적인 정보를 가지고 성급히 판단하고 치부해버리는 것이 얼마나 어리석은 일인지, 내가 무언가를 바라보는 시선이 얼마나 좁고 단편적인 것인지 깨닫게 된다. 이제 나는 서먹함을 지나 안핌 수동 그라인더와 친해졌다. 팔 근육도 탄탄하게 만들며 원하는 무게대로 도징 하는 일석이조를 누리고 있다.

# 물은 100℃에서 끓는다

매일 저녁, 카페를 마감할 때마다 라떼를 만들기 위해 우유 거품을 냈던 스팀완드도 매일 청소한다. 물을 넣은 스팀피처에 스팀완드를 담그고 스팀 레버를 열어서 물이 뜨거워질 때까지 기다려야 한다. 이때 시간이 좀 걸린다. 그래서 그 시간에 다른 것을 정리하기도 하고 이것을 멍하니 넋 놓고 바라볼 때도 있다.

어느 날 스팀피처 안에 물이 끓어오를 때까지의 과정을 가만히 바라보고 있었다. 1,000ml 스팀피처에 찬물을 가득 담아 스팀완드를 담그고 스팀밸브를 열면 스팀완드 끝의 스팀팁에서 계속해서 나오는 뜨거운 증기가 물을 데우기 시작한다. 점점 물이 뜨거워지면서 스팀피처 안의 소리가 아주 요란해지기 시작한다. 아직 끓는 건 아니다. 끓기 위해 소리만 요란하다. 그러다 어느 순간, 고요한 때가 온다. 꽹과리 소리처럼 나던 것이 '슈우우욱' 하면서 요란한 잡음이 사라진 묵직한 소용돌이의 소리가 난다. 마치 폭풍전야처럼. 그날 스팀완드를 청소하면서 상념에 젖은 나는 큰 위안을 받았다.

삶도 이와 같다는 생각이 들었다. 목표를 추진하다 보면 생기는 요란한 잡음 속에서는 내가 바삐 움직이는 것 같다. 스트레스를 받기도 하지만 열심히 부지런히 사는 것처럼 느껴진다. 그런데 목표에 아직 가까이 다가가지 못했는데도 갑자기 그 모든 잡음이 사라질 때가 온다. 그 시점에는 잡음도 진전도 없는 듯하다. 낙심하기도 하고, 두려움이 몰려오기도 한다. 점점 시간이 흘러도 아무 일도 일어나지 않을 것처럼 조용하다. 나에게 정말 아무 일도 일어나지 않을 것만 같다는 생각이 들기 시작한다. 참 외로운 시간이다. 이때부터는 서서히 슬픔이 찾아온다. 끝이 보이지 않는 어두컴컴한 터널이 계속될 것만 같다.

그러나 이때 우리는 견뎌야 한다. 물은 99℃에서 끓지 않는다. 새벽이 오기 전이 가장 고요하고 어둡다. 99℃에 다다르는 조용한 그때. 이 시간을 견디면 물이 어느 순간 갑자기 끓는다. 반전의 시점이 도래하여 100℃가 되어 끓기 시작하는 것이다. 정말 이것은 순식간이다. 가장 깊은 절망의 시점이 곧 반전의 시점이 된다.

100℃가 되기 위해 흘러가는 시간들은 그저 지나가는 것이 아니다. 100℃가 되기 위해, 나의 그때가 되기 위해 계속 시간이 채워지는 것이다. 그러니 99℃에서 포기하지 말고 100℃를 완성해보자. 그때가 목표를 이루는 시점

이다. 한걸음씩 매일 채워나가다 보면 100℃를 채우는 순간, 올 것 같지 않던 원하는 그때가 온다.

목표를 이뤄가는 과정은 뿌연 안개뿐이다. 투명하게 보이는 과정이, 가는 길이 선명하게 보이는 목표와 꿈이 어디 있을까? 그것에 다가가고 있다는 기대와 함께 그저 한 발 한 발 내딛자. 주저하지 않고 한 발 한 발 묵묵히 내딛다 보면 당신의 일상이 모여서 안개 너머의 것이 서서히 보이기 시작할 것이다. 지금 앞이 보이지 않는다 해도 용기를 잃지 말자. 천천히, 차근차근, 꿋꿋하게, 기대를 갖고 나아가자. 지치지 말고 그저 앞에 있는 할 수 있는 일에 최선을 다하자. 그러면 나는 원하는 사람이 되어가고 있는 중일 것이다.

# 라떼와 함께
# 성장한다는 건

    나는 우유스팀에 자부심을 가진 사람이었다(라떼아트는 아니다). 그런데 언젠 가부터 표면 위로 작고 거친 거품이 생기는 일이 반복되었다. 그래서 우유스 팀 중 후반 롤링작업으로 우유 위에 떠있는 작고 거친 거품을 제거해야만 했 다. 또한 우유스팀 완료 후 피처 바닥을 쳐서 남아있는 거품을 깨는 것을 반 복해야만 했다. 우유스팀 슬럼프가 시작된 것이다.

    계속 바닥을 치니 작은 카페 안이 시끄러웠다. 왜 자꾸 우유스팀이 이러는 것인지 의문이 생겼다. 이리저리 살펴보고 생각해보았다. 그리고 '나는 한결 같이 잘하고 있기에' 스팀노즐이 뭔가 잘못됐다는 결론을 내렸다(사람은 남 탓 하기 쉬운 존재다). 나에게서 문제를 찾지 않고 기계가 잘못된 것이라고 생각했 다. 그래서 엔지니어에게 전화를 했다. 그날따라 이상하게 연락이 닿지 않아

기계의 이상한 점을 좀 더 발견하고 연락하기로 했다. 일단 기계가 이상하다고 생각하니 사소한 것이 다 이상해 보였다.

그렇게 기계 탓을 하며 보내던 어느 날, 단골손님이 지인들을 데리고 카페에 왔다. 우리 카페 커피가 맛있다며 지인을 일부러 데리고 오셨는데 그날도 우유스팀이 제대로 되지 않았다. 그리고 카페라떼를 주문한 한 분이 한 모금 먹은 후에 최근에 여행을 갔는데, 참 맛있는 커피를 먹었다며 그집 바리스타가 실력자였다고 입을 여셨다. 그리고는 "여기도 맛있네!"라며 말을 덧붙였다. 듣고 흘리려 했지만. 말하지도 않은 그 손님의 말 이면에 내포된 것을 나는 자꾸 곱씹고 있었다. 그러면서 마음이 점점 불편해졌다. 곱지 않은 우유 거품이 그분 컵에 담겨져 있는 것이 신경이 쓰였다. 하필 우유스팀 슬럼프가 왔을 때 그런 이야기를 듣고 상상까지 더해지니 더 마음이 편하지 않았다.

무언가 상황이 어려워질 때, 내 마음대로 되지 않을 때 타인의 그저 흘러가는 말들이 가슴에 박힌다. 왜 하필 그런 때에 그런 말들을 하는 이들을 만나게 되는 것인지 신기하기도 하다. 아마도 내가 그 문제에 예민하기 때문이 아닐까? 그렇기 때문에 이때 우리는 선택해야 한다. 이대로 퍼져서 상처 받을 것인가. 다시 벌떡 일어나 성장할 것인가. 어떤 상황이든 나아가고자 하는 방향을 선택하는 것은 본인의 몫이다.

이대로는 안되겠다는 생각이 들어서 예전에 바리스타 과정을 배우면서 필기했던 것을 다시 뒤지기 시작했다. 막연히 기계 탓을 하지 말고 무엇이 문제인지를 발견해야 했다. 우유 스팀 할 때 처음 배웠던 것을 상기하며 하나

하나 그대로 정확하게 스텝을 밟아나갔다. 그렇게 몇 번 해보니 한동안 의문만 거듭하며 해결되지 않았던 문제점을 결국 발견했다. 고운 거품이 나지 않았던 이유는 바로 스팀팁을 담그는 위치가 정확하지 않아서였다. 다시 말해 스팀이 분사되는 위치의 문제였다. 기계가 잘못된 것이 아니고 내 탓이었다. 나는 왜 스팀팁을 다른 곳에 놓고 스팀을 하고 있었을까? 그리고 눈으로 뻔히 보면서 왜 깨닫지 못했을까?

문제를 발견하기 위해서는 다시 기본으로 돌아가야 한다. 정신을 가다듬고 눈을 씻고 다시 보아야 한다. 기본을 다시 깨닫고 나니 우유스팀이 완전해지는 방법을 하나 더 깨달았다. 스팀완드와 피처의 각도를 발견한 것이다. 스팀완드의 각도를 조정하고 스팀팁의 위치를 피처 안쪽에 정확하게 놓은 후 스팀을 시작하면 우유 거품이 곱게 만들어 진다. 거친 거품이 날지라도 바로 잡힌다.

역시 슬럼프는 다음 계단으로 업그레이드를 하기 위한 과정이다. 멘붕과 스트레스가 올지라도 잠식당하지 말고 정신을 가다듬고 문제를 제거하자. 그 와중에 누군가 당신의 마음을 슬프게 하는 말을 할지라도 힘을 내자. 그건 나를 더 발전시키기 위한 울림이다. 멈춰 서지 말고 내가 진화하는 방향을 선택해서 최선을 다하자. 어려운 그때가 내 인생의 전환점이 될 수 있다. 나는 우유스팀의 한 단계를 더 올라선 기분이다. 시간이 흘러 또 따뜻한 라떼의 계절이 성큼 오고 있다.

# 어깨에 힘 빼고
# 유연하게

"어깨에 힘을 좀 빼세요!"

이 말은 좀 더 단호한 어조로 해야 한다. 헬스장에서 근력운동기구를 다루는 것을 트레이너에게 배우면서 귀가 따갑도록 들은 소리다. 어깨에 힘이 들어가면 몸이 경직된다. 괜한 곳에 무리한 힘이 들어가기 때문에 힘이 분산되어서 원하는 부위에 제대로 힘이 집중되지 않는다. 원하는 곳에 근육이 생기는 것이 아니라, 다른 곳에 괜한 통증만 수반하게 된다.

또한 이 충고는 바이올린 레슨을 받으면서 선생님에게 매번 들은 소리이기도 하다. 바이올린 활 쓰기에서 불필요한 힘이 들어가면 활이 떨린다. 불필요한 힘을 더하는 것은 어깨에서부터 시작된다. 잘못된 자세로 어깨에 힘이 한껏 들어갈수록 어깨가 불편하게 올라가고 동시에 팔과 손이 경직된다. 어깨에 힘이 너무 들어가면 활이 현에 닿는 것이 버거울 정도로 활이 떨린다. 어떤 기술이든 어깨에 힘이 들어가면 몸이 경직되고 자세가 불안정해진다. 그렇게 몸이 유연하지 않은 채로 동작을 반복하면 근육에 무리를 준다. 자세를 제대로 고치지 않은 채 지속하면 끝내는 병이 나게 될 것이다.

그런데 '어깨에 힘을 빼라'는 충고가 그라인더에서 원두를 분쇄하고 포터필터의 필터바스켓에 원두가루를 담는 동작에도 일맥상통한다는 것을 깨달았다. 원두가루를 담기 위해 레버를 앞뒤로 움직여주는 것을 도징이라고 한다. 개업 직후에는 그라인더를 마주 보며 아주 빠르게 도징을 했다. 그라인더의 칼날에서 분쇄되어 나오는 원두가루를 빛의 속도로 포터필터에 담았다(머신 엔지니어들은 이렇게 도징 하는 것이 기계에 무리를 주는 행위라고 금지한다). 빠르게 도징 하는 것이 습관이 되면서 시간이 좀 흐르자 팔과 어깨에 무리가 가는 듯 했다. 뭐든지 처음 습관을 잘 들여야 한다. 작은 평수의 카페 안에서 도징 하는 소리도 아주 요란하게 울려 퍼졌다. 그렇게 어깨에 힘이 '빡' 들어간 상태로 도징을 하니 내 몸과 그라인더의 도징 레버에도 무리를 주었을 것이다.

그렇게 매일 몸에 무리를 가하던 어느 날이었다. 팔과 어깨에 힘이 더 들어갔던 그날 결국 리턴스프링이 탁 끊어지는 일이 일어났다. 잘못된 초기 습관으로 힘이 한껏 들어가서 유연함을 상실한 나의 어깨는 그라인더의 리턴스프링을 끊어뜨리고 만 것이다. 끊어지고 나서야 이 소모품의 용어도 알게 됐다.

새로 리턴스프링을 구매하여 재장착하면서 불현듯 머릿속에 '어깨에 힘을 빼고 유연하게'라는 말이 떠올랐다. 바이올린 연주를 하면서 활이 떨릴 때마다 마음속으로 되뇌던 말이다. 리턴스프링을 교체하고 나서도 과하게 도징 동작을 지속하면 내 몸의 어딘가에 병이 날 것 같았다. 마치 무리한 운동으로 생기는 무릎 십자인대 파열처럼 리턴스프링 파열이 일어나니 정신이 차려졌다. 내 어깨 인대는 소중하니까….

도징을 할 때 어깨에 힘을 빼고 팔을 유연하고 부드럽게 동작한다는 것은 무엇일까? 그것은 절도 있게 '탁! 탁! 탁!'이 아니고 손목에 리듬감을 주어 '탁~ 탁~ 탁~' 하는 것이다. 불현듯 깨달은 것을 바로 적용했다. 불필요한 힘이 빠지고 어깨가 유연해지니 내 어깨와 팔, 도징 레버에 들어가는 힘, 그리고 시끄러웠던 소리까지도 모든 것이 한결 편안해졌다. 그러다 다시 마음이 급해지면 어깨에 힘이 '빡' 들어가서 예전처럼 도징을 하기도 하지만, 그러는 횟수는 가뭄에 콩 나듯 줄었다.

'어깨에 힘을 빼고 유연하게'는 근력운동을 할 때, 바이올린을 할 때, 도징을 할 때 그리고 다른 모든 기술에 적용해도 무리가 아닐 것 같다. 인생을 살아가는 데 있어서도 마찬가지다. 어깨에 힘이 빡 들어간 채로는 유연하게 살수 없다. 생각의 유연함을 갖고 삶에서 불필요한 힘을 빼보자.

카페가 좀 더 잘되면 그때는 자동 그라인더 두 대를 구입하겠다고 결심하며 오늘도 나는 어깨에 힘을 빼고, 빠르고 유연하게 도징 한다. 리듬감 있게 탁~ 탁~ 탁~

# 어느덧 능숙해진
# 바리스타의 일

　처음에는 따뜻한 라떼를 만드는 것이 능숙하지 않아 1,000ml, 600ml, 350ml 피처를 이리저리 사용해가며 만들었다. 주문이 한꺼번에 여러 잔 들어올 때는 시간을 단축한답시고 1,000ml 피처에 우유를 넣어 스팀을 했다. 양이 많은 차가운 우유는 쉽사리 뜨거워지지 않았다. 더군다나 1,000ml에 가까운 스팀우유는 우유와 거품의 양이 각 잔에 적절히 조절되지 않아 낭패를 겪었다. 그래서 다음에는 가뜩이나 좁은 작업대에서 600ml 피처를 너저분하게 늘어놓고 라떼 메뉴를 만들기도 했다. 그러다 보니 너저분한 작업대 위에 피처가 헷갈려서 스팀하지 않은 차가운 우유를 컵에 붓는 실수도 저질렀다. 익숙하지 않은 350ml의 작은 피처를 사용할 때는 공기 주입을 하고 롤링 할 때 우유가 밖으로 흘러넘치기도 했다. 당황의 연속이었다.

오픈 초기에는 단체손님이 오면 마음만 조급해지고 몸이 따라주지 않았다. 당황한 마음은 머리까지 멍하게 만들었다. 그렇게 여러 가지 실수를 저지르길 수차례. 더는 이래선 안 될 것 같아 정신을 바짝 차렸다. 날마다 라떼를 만들며 연습하기 시작했다. 결국 여러 잔의 라떼를 전보다 단축된 시간 내에 만드는 방법을 터득했다. 차가운 우유의 적정한 양, 크기가 다른 피처 안에서 거품이 만들어지는 시간이 중요하다. 칙칙칙칙 공기 주입의 양을 조절하고 롤링의 시간을 가늠하며 라떼를 만들어야 한다. 공기 주입과 롤링의 시간에 따라 달라지는 작은 거품의 미묘한 차이도 발견했다.

지금은 에스프레소를 프리 버튼으로 추출함과 동시에 350ml 피처 하나로 능숙하고 빠르게 고운 거품의 라떼를 만든다. 딱 한 컵 분량의 양만 빠르게 만들 수도 있다. 이것이 최적의 방법임을 깨달았다. 모든 것은 시행착오를 겪고, 하면 할수록 능숙해지기 마련이다. 별거 아닌 것을 대단한 것을 발견한 것처럼 이야기한다고 할 수도 있겠지만, 여러 가지 방법을 시도 끝에 무언가를 발견하는 깨달음이란 참 즐겁다.

갑자기 어느 날부터 그룹헤드와 포터필터가 장착되어 맞물린 곳으로 물이 흐르기 시작했다. 포터필터 더블 스파웃에서만 에스프레소가 '쪼로록'나와야 하는데 그 위쪽에서 물이 질질 새어 나왔다. 나는 그룹헤드와 짝꿍인 포터필터가 있는 줄 알았다. 왼쪽엔 왼쪽 포터필터만 오른쪽엔 오른쪽 포터필터만 장착해야 하는데 내가 구분해서 쓰지 않으니 짝이 맞지 않아서 물이 샌다고 생각했다(착각이 창의적이다). 그래서 포터필터 한쪽에 테이프로 표시를 해놓고 오른쪽 그룹헤드는 이 포터필터만 끼자는 식의 혼자만의 방편을 적용했다. 그랬는데 적용한 직후 희한하게 물이 새지 않았다. 그래서 나는 이것이 다른 사람은 이미 다 알고, 나만 몰랐던 방법이라고만 생각했다. 그런데 얼마 안 되서 물은 이전보다 더 줄줄 샜다. 당황스러웠다. 바로 머신 엔지니어에게 연락을 했다.

"포터필터 밖으로 물이 줄줄 새요! 왜 그런 건가요?"
"가스켓을 교체하셔야 해요!"
"가스켓이요?"

그렇다. 가스켓을 제때 교체하지 않아서 생겼던 문제였던 것이다. 카페를 개업하고 시간이 흐르다 보면 머신에 장착되어 있는 소모품들을 교체할 시기와 마주하게 된다. 소모품 중 하나가 바로 이 가스켓이다. 가스켓이란 에스프레소 머신의 그룹헤드 안쪽에 장착되어 있는 소모품이다. 에스프레소 추출 시 압력이 새지 않도록 해주는 역할을 한다. 압력밥솥 안쪽에 있는 고무패킹과 같은 원리라고 생각하면 된다. 모르면 물어보면 될 것을, 그 당시 나는 혼자 온갖 임시방편은 다 적용하고 결국 물이 미친 듯이 흘러나온 후에야 엔지니어에게 연락을 했다. 머신에 평소와 다른 현상이 나타나면 물어보자. 전화해서 물어보면 바로 답이 나오는 것을 창의적인 방편으로 시간 낭비하지 말자. 그리고 인터넷 검색창에 '머신에서 물이 줄줄 새요'라고만 쳐도 수많은 지식들이 즐비해 있다.

처방을 정확히 알았으니 이제 내가 할 일은 가스킷 교체. 가스킷을 주문하고 유튜브에서 가스킷 교체 영상을 보고 실행에 옮겼다. 처음 해보는 것이니 교체하는 것도 시행착오가 있었다. 제대로 장착을 못 했는지 교체한 지 일주일 만에 양쪽을 번갈아가며 가스킷을 바꿨다. 이때는 마치 가스킷을 내가 잘 알기 위해 맞춰가는 시기인 것 같았다. 바꿨는데 왜 물이 새는 것인지, 내가 뭘 어떻게 해야 물이 안 샐 수 있는 것인지, 신경이 온통 가스킷에 가 있었다.

가스킷을 교체할 때 알아두어야 할 것이 있다. 가스킷을 포터필터에 올리고 그룹헤드에 장착할 때 꽉 조여주는 느낌으로 포토필터를 장착해야 한다. 힘을 주라는 것은 아니고 부드럽게 꽉 조이라는 것인데 이 느낌은 느껴봐야 안다. 또한 가스킷 교체 초기에는 에스프레소 추출 시 포터필터를 그룹헤드에 장착할 때 부드럽게 꽉 조이면서 장착하자. 그러면 얼마 지나지 않아 가스킷이 안정화됐다는 느낌을 받게 될 것이다.

이제는 카페의 소모품들을 적당한 교체 시기에 빠르고 능숙하게 교체할 수 있게 되었다. 대부분의 일은 한 번에 완벽히 하기란 힘들다. 경험하고 실수해보아야 능숙해진다. 모든 방면에서 갈고 닦아야 한다. 소모품을 갈아주는 것조차 말이다. 가스킷 교체도 반복하다 보면 머신에 포터필터를 장착할 때 '이제는 갈아줄 때가 됐다'는 느낌도 올 것이다. 세월이 더 많이 흐른 후에는 지금보다 숙련되고 커피의 맛을 디자인하는 데 탁월한 바리스타가 되어 있으면 좋겠다. 즐거운 일로 능숙해진다는 것은 행복한 일이다.

# 손님들의 질문

"카페 하면 여유롭죠?"

"혼자 있으면 심심하겠어요."

카페를 운영하다 보면 카페의 여유로움이 좋아 보여서 그런지 위의 질문들을 종종 받곤 한다. 직장인처럼 누군가의 지시를 받지 않는다는 것의 편안함은 있지만(손님 오더를 제외하고) 다 몰라서 하는 말이다. 혼자 있어도 전혀 심심하지 않다. 개인 카페 사장이 할 일은 너무나 많다.

카페는 하루라도 하지 않으면 안 되는 것이 모여 있는 루틴의 일상이다. 쓸고 닦고 점검하고 준비해야 할 것이 곳곳에 있다. 밖에서 보았을 때 여유 있어 보일지라도 카페 사장은 늘 분주하다. 그렇지만 위의 설명을 질문을 한 손님에게 그대로 하는 것은 무리다. 그냥 "여유로울 때도 있는 데요, 이것저 것 하다 보면 여유롭진 않아요!" "노트북이 있어서 심심하진 않아요!"라고 대답한다. 카페를 하다 보면 손님이 하는 여러 질문에 차분하게 또는 재치 있게 대답할 수 있어야 한다. Hospitality Service의 자세로 잘 대답한다면 이 것 또한 당신의 카페가 즐거운 카페로 기억되는 것일 테니.

그럼 내가 가장 많이 받았던 질문은 무엇일까? 바로 나이에 관한 질문이 다. '왜! 내 나이가 궁금한 것입니까?'라고 속으로 이야기하지만 입으로는 "먹을 만큼 먹었습니다!" 또는 "30대 후반입니다"로 응대한다. 내가 굳이 마흔 살이며 불혹 임박인 그 나이가 되는 중입니다"라고 말하게 되면 분명 다음 질문이 무엇인지 뻔히 알기 때문이다. 지금 당신 머릿속에 훅 들어오는 질문이 하나 있을 것이다. 바로 그거다.

또한 손님이 많을 때도 있고 한가할 때도 있는데, 한가할 때 오셔서 "왜 이 렇게 손님이 없어요? 장사가 되긴 해요?"라고 물어보시는 분들이 있다. 마 치 이것은 싱글인 나에게 "결혼은 언제 할 거냐"와 같은 뉘앙스의 질문으로 귀에 들어오곤 하는데, 뒷골목에 숨어 있는 우리 카페를 안타까워하는 손님 의 다정한 마음이라고 생각하기로 했다. 그래서 이렇게 대답한다. "피크타 임이 지나서 그래요!" "그럼요~ 장사가 되어야지요!"

개인 카페의 분위기는 카페 사장의 몫이다. 곤란한 질문도 웃으며 재치 있 게 넘어가주는 센스가 중요하다. 그래서 얼렁뚱땅 넘어갈 수 있는 대답을 오 지랖 넓게 준비해보았다. 그렇지만 다분히 카페 7번길의 관점이니 질문과

답변 매뉴얼을 스스로 준비해보자.

1. "인테리어 하는 데 얼마 들었어요?"

  "보통 10평 카페보다는 더 들었습니다. 제가 신경을 정말 많이 썼 거든요."(그런데 창업한 지 만 3년이 다 되어가니, 그냥 얼마 들었다고 얘기해준다)

2. "직장 다닐 때보다 지금이 좋아요?"

  "장단점이 있지만 저는 카페 자영업의 장점을 좋아합니다. 제가 하고 싶은 대로 다 할 수 있는 것이 좋고 직장 내에서 이루어지는 관계의 불편함도 전혀 없습니다.^^"

3. "왜 이런 뒷골목에 카페를 창업했어요?"

  "이 거리를 변화시키려고요! 이것이 저의 비전입니다."

언젠가 추운 겨울 저녁 무렵이었다. 살짝 취기가 있으신 중년의 남녀 친구 두 분이 카페로 오셨다. 안쪽에 자리를 잡고서 카운터에 서 있는 나에게 아주 즐거운 말투로 말씀하셨다.

"꼬마 아가씨! 아메리카노 두 잔!"

계산을 하려고 카운터로 성큼성큼 오신 여자 손님이 카드를 내밀다가 내 얼굴을 보셨다. 그러고는 놀란 얼굴로 말하셨다. "아이쿠! 꼬마 아가씨가 아니네?" 정말 화들짝 놀라시며 말씀하셨다. 그래서 나는 "놀라셨어요?"라고 바로 응대한 후 '저는 꼬마 아가씨가 아니라 나이 먹은 아가씨랍니다'라고 마음속으로 말했다. 그러나 입으로는 "멀리서 보셔서 그래요~ 감사합니다! 잠시만 기다리세요" 하고 즐겁게 웃으며 대답하니 손님도 함께 웃었다. 지금 떠올려 봐도 그 상황이 너무 웃기다. 카페 사장의 한마디가 손님의 마음을 즐겁게 할 수도 있다.

# 우리 손님이
# 달라졌어요

오픈한 지 얼마 되지 않았을 때 지인들을 데리고 자주 오시던 손님이 있었다. 방문할 때마다 적게는 3명, 많게는 10명 정도를 데리고 오시는 분이었다. 음료와 디저트를 함께 구매하여 매출에도 적잖이 도움이 되었다. 더군다나 카페 체류시간이 1시간도 되지 않았다. 그런데 방문할 때마다 나를 당혹스럽게 하는 것이 있었다.

1. 담배를 카페 안에서부터 불을 붙여서 나간다.
2. 후불제만 고집한다.

저 두 가지는 카페 방문을 하며 1년이 넘도록 달라지지 않는 부분이었다.

2번은 내가 굳이 선불을 고집할 부분은 아니라서 그 손님의 후불 취향을 존중했다. 그런데 1번의 경우, 담배는 참을 수가 없지만 정색할 수는 없기에 매번 웃으며 주의를 주었다. 그러다 언젠가부터 방문이 뜸해졌다. 딸이 카페를 오픈했다고 했던 시점부터는 거의 방문이 없었다. 그랬던 손님이 최근에 지인 2명과 방문을 했다. 그리고 이상한 일이 일어났다.

"나 먹던 거. 그걸로 3잔."

내가 음료 가격을 이야기하자 손님은 바로 선금을 지불했다. '앗, 이게 웬일이지?' 시간이 흐른 후 갑자기 손님이 일어난다. 분명 이것은 흡연 욕구 때문일 것이라고 예상했다. 그런데 담배를 들고 카페 문을 열고 문을 닫은 후에! 문에서 좀 떨어져서 담배를 피우는 게 아닌가. 손님의 모든 행동의 단계들이 나에게 하나하나 크고 의미 있게 다가왔다.

이게 갑자기 무슨 일일까? 손님 갱생 프로젝트 '우리 손님이 달라졌어요!'도 아닌데 말이다. 그러다 머릿속을 스치고 지나간 생각이 있었다. '우리 손님'이 달라진 시점은 딸이 카페를 오픈하고 몇 달 지난 때라는 것이었다. 딸은 나보다 훨씬 큰 규모의 카페를 운영하고 있다고 들었다. 그렇다면 오픈 초기에 다양한 손님들이 더욱 많았을 것이다. 분명 딸은 그런 다양한 손님들의 특이점을 아버지에게 낱낱이(?) 이야기했을 것이고, 딸이 겪는 고충을 듣고 '우리 손님'은 무엇인가 깨닫고 스스로를 되돌아보지 않았을까 조심스레 예상해본다.

'달라진 우리 손님'이 방문한 지 며칠이 지난 후, 뉴스에서 백화점 화장품 코너 갑질 사건을 보게 되었다. 손님이 직원에게 화장품을 집어던지고 급기야는 머리채를 붙잡고 욕을 해댔다. 이런 비상식적인 일이 종종 일어난다는 사실이 놀랍다. 백화점뿐만이 아니라 이런 비슷한 종류의 무례한 일들이 사회 곳곳에서 일어나고 있다. 상대가 내 딸, 내 아들, 나의 엄마, 나의 아버지라고 생각한다면 과연 그렇게 할 수 있을까? 공정서비스 권리 안내문을 알고 있는지 묻고 싶다.

## 🍵 공정서비스 권리 안내

우리 직원이 고객에게 무례한 행동을 했다면

직원을 내보내겠습니다.

그러나 우리 직원에게 무례한 행동을 하시면

고객을 내보내겠습니다.

상품과 대가는 동등한 교환입니다.

우리 직원들은 훌륭한 고객들에게 마음 깊이

감사를 담아 서비스를 제공하겠지만

무례한 고객에게까지 그렇게 응대하도록 교육하지는 않겠습니다.

우리 직원들은 언제 어디서 무슨 일을 하든지

항상 존중을 받아야 할 훌륭한 젊은이들이며

누군가에게는 금쪽같은 자식이기 때문입니다.

직원에게 인격적 모욕을 느낄 언어나 행동,

큰 소리로 떠들거나 아이들을 방치하여

다른 고객들을 불편하게 하는 행동을 하실 경우에는

저희가 정중하게 서비스를 거부할 수 있음을 알려드립니다.

– 출처: 도시락 전문업체 스노우 폭스

카페 단골손님의 장난스러운 행동(나에게는 조금 불편한)에서 시작하여 너무 멀리 온 것은 아닌가 생각된다. 상대방에 대한 배려까지는 아니더라도 상식적인 선에서 생각하고 행동했으면 좋겠다. 우리 모두 힘든 시대에 힘들게 버티며 살고 있다. 힘을 주진 못하더라도 그 자리에서 잘 버틸 수 있도록 그것을 놓지 않게 해줬으면 좋겠다. 상식이 통하는 사회가 되기를 간절히 소망한다.

만약에 정말 당혹스러운 사람들이 내 앞에 존재한다면, 어려운 일이지만 꼭 마음을 지키자. 세상에는 악한 사람은 없고 아픈 사람만 있다. 사람은 다 안쓰러운 존재다. 그렇게 생각한다면 마음이 조금은 괜찮아질 것이다.

# 개인 카페 사장은
# 미화부장

개인 카페를 혼자 하다 보면 하나부터 열까지 직접 해야 할 일들이 많다. 화장실 청소도 예외일 수는 없다. 화장실 청소는 고등학교 당번 때 빼고는 안 해봤는데 카페를 하니 자연히 화장실 청소는 내 일이 되었다.

카페 7번길의 화장실은 양변기가 아닌 화변기(쪼그려 앉아서 일을 보는 그런 변기)다. 그래서 막힌다거나 하는 그런 큰 문제가 없을 거라고 생각했다. 그렇지만 문제는 항상 예상치 못한 곳에서 터지곤 한다. 그것도 콤보로. 항상 불편한 일은 콤보로 터지고 정신을 혼미하게 한다. 나를 당혹스럽게 하는 화장실 문제는 2주 동안 세 번이나 터졌는데, 참 신기하기도 하다. '과연 이 상황에서 네가 언제까지 참을 수 있겠니?' 하며 테스트하듯이 세 번 연달아 일어났다.

처음은 카페에 몇 번 오신 남자분이 화장실이 너무 급하다고 잠깐 화장실만 쓰겠다고 해서 선뜻 열쇠를 빌려줬다. 손님은 한참이 지난 뒤에 열쇠를 주고 사라졌다. 불안한 마음에 몇 분 있다 들어가 보았다. 문을 열어보니 담배 연기가 꽉 차 있고(이곳은 금연스티커가 붙어 있는 곳인데), 뒤섞인 똥냄새가 내 비위를 뒤집어놓았다. 변기가 있는 내부 문을 열어보았다. 보자마자 내 동공은 흔들렸다. 도대체 어디로 조준을 한 것인지. 변기 뒤쪽에 아주 난해하게 퍼져 있는 것들을 보았다. 그런 것을 카페 화장실에서 보게 되다니…. 아직도 여전히 머릿속에 잔상이 남아 있다.

그리고 며칠 뒤, 물건을 운반하시는 남자분이 너무 급하다며 화장실 열쇠를 빌려달라고 했다. 첫 번째 일이 얼마 지나지 않은 터라 조금 주저하며 열쇠를 건넸다. 얼마 후에 점검 차 다시 화장실 안에 들어가 보았다. 이번에는… 난해한 그것들이 거의 변기 안쪽 대부분을 황금색으로 채색해놓았다. 레벨 2의 난이도였다.

그렇다면 세 번째 화장실 사건은 어떤 상황이었을까? 정말 이 세 번째를 당하고서는, '이건 필시 나에게 테러를 감행하는 누군가가 계속 사주한 짓이다'라고밖엔 설명할 길이 없었다. 점점 강도가 세지는 이 난해한 똥 덩이들을 어찌해야 한단 말인가.

그날은 전혀 그 테러를 짐작도 못 했던 때였다. 손님에게 열쇠를 빌려주지도 않았던 아침이었다. 카페 오픈 준비를 하고 난 후 점검을 하기 위해 화장실 문을 열었다. 이상하게 문이 잠겨 있지 않았다. 내부 문을 열었다. 보자마자 경악을 금치 못했다. 일단 두루마리 휴지가 바닥에 물을 한껏 머금고 있었고, 벽에 똥 덩이가 여기저기 붙어 있었다. 레벨 3도 아닌 레벨 5였다. '벽에 똥칠할 때까지 살 거냐?'라는 말은 들어봤어도, 벽에 똥 덩이들이 붙어 있는 것은 난생 처음 보았다. 경악했다. 눈물이 날 뻔도 했으나 똥 때문에 우는 것은 용납이 되지 않았다. 눈물이 나려 하는 것을 꾹 참고 나는 분노의 화장실 청소를 했다. 소리를 질러가면서. "아아악!!! 누가! 도대체! 왜? 여기다가 이런 짓을 했단 말이냐!!!!" 미친 듯이 청소를 하고 나서 깨끗해진 화장실을 보니 마음이 좀 안정이 되었다. 카페 안으로 들어오니 편안한 클래식 음악이 나를 위로하며 맞아주었다.

'휴, 이 똥 치우는 짓을 언제까지 해야 하는 것일까…'

오전 내내 망연자실 앉아 있다가 정신을 차리고 경고문을 썼다. 다시는 이런 일이 제발 없길 바라며, 아주 완곡하게 글을 써서 화장실 내부에 붙여 놓았다. 그랬더니 그 후에는 신기하게도 이런 당혹스러운 일이 거짓말같이 사라졌다.

이것으로 얻은 교훈은 사람들은 말하지 않으면 모른다는 거다. 나의 고충과 나의 힘듦을 말하고 '도와줘. 나 힘들어…'라고 해야 조금이나마 알아준다는 것이다. 내가 타인의 마음을 전혀 알 수가 없듯이 타인도 나의 마음을 알 수 없다. 우리는 말을 해야 서로의 마음을 그나마 안다. 그러니 말하고 표현하자. 안 들으면 할 수 없지만 그래도 말하고 요구하자. '말 안 해도 알아주겠지' 하며 기대하지 말자. 그런 암호화된 언어는 나같이 예민하고 눈치 빠른 사람이나 알아먹는 것이다.

여기, 내가 쓴 완곡한(?) 화장실 경고문을 소개한다.

## 👤 큰 일 보시는 손님에게

실수로 본인의 흔적을 남긴 분이 있다면…

제발 문밖에 있는 큰 바가지로 물 세 번만 강하게 뿌려주세요!
(안에 청소 솔도 있지만 이건 제가 할게요. 제발 물만 뿌려주세요)

큰 일 보실 때 담배도 절대 안 됩니다. 여긴 환풍기가 없어요.

담배 연기가 그대로 화장실 안에 남게 됩니다.

그리고 담배꽁초는 가벼워서 내려가지도 않아요. 제가 직접 건져내야 해요.

매너 있게 이용해주시길 머리 숙여 부탁드립니다.

혹시나 제가 청소하기도 전에

테러를 당한 화장실을 다른 분이 이용하게 될 때를 생각해주세요….
(그게 본인이 될 수도 있습니다)

# 한 템포 쉬어갈까?

누구나 감기에 심하게 걸린 적이 있을 것이다. 그런데 회사에 다니면서 아픈 것과 카페를 운영하면서 감기를 앓는 것은 다르다. 감기로 인한 콧물이나 기침 때문에 손님들에게 위생적이지 않은 모습을 보이면 안 되기 때문이다. 감기 환자의 카페 운영이란 너무나 힘들다.  그래서 나는 감기가 올 것 같으면 약을 그냥 먹어버린다. 내성이 생긴다 해도 어쩔 수 없다. 쉴 새 없이 나오는 기침과 콧물로 영업에 지장이 생기는 걸 몇 번 겪다 보니 내가 내린 단호한 처방이다.

극심한 미세먼지와 우중충한 날씨가 계속되던 날에 슬그머니 감기가 왔다. 평소처럼 의사 처방이 필요 없는 약국 약을 먹었지만, 감기가 낫지 않고 다음 단계로 진행되는 것을 느꼈다. 대수롭지 않게 또 약국 약을 먹었다. 그런데 그날 저녁부터 기침이 시작되더니 목에서 갈라지는 소리가 나오기 시작했다. 그리고 다음 날 아침에 일어나려는데 누군가 나를 힘껏 '꾸욱' 밟고 지나간 듯한 느낌이 들었다. 가슴 쪽에 심한 통증이 있었지만 슬로우 모션으로 힘겹게 일어나서 영업 준비를 했다. 혼자 하는 자영업자는 이럴 때 일단 정신력으로 버틴다. 카페 영업은 손님과의 약속이라고 생각하며 정신력으로 고통을 억눌렀다. 그렇게 버티며 영업을 하다 늦은 오후에 카페 영업을 잠시 멈추고 병원에 갔다. 역시 단순한 감기로 진단받았다. 일어날 때 가슴 쪽 통증은 기침을 너무 해서 그렇다고 한다. '기침이 그렇게 심하지는 않았는데…' 하며 주사를 맞고 와서 영업을 마무리했다.

밤이 되었다. 씻고 자려는데 이게 웬일. 더 극심한 고통이 왔다. 기침을 하면 고통의 극한이 시작되었다. 갈비뼈 쪽이 너무나 아팠다. 신음을 토해내며 누워 있다가 앉으면 차라리 나을 것 같아 온 힘을 다해 몸을 일으켜 앉았다. 그렇게 갈비뼈를 부여잡고 주방으로 가서 진통제를 한 알 먹었다. 어두컴컴한 거실 소파에 앉아서 아픈 몸을 다독이며 숨을 가만히 쉬고 있었다. 그러고 있는데 엄마가 안방 문을 열고 나왔다. 주방에 가려고 몇 발자국 걷다가 어둠 속에서 앉아 있는 나를 보고 소스라치게 놀라셨다. 엄마도 이제 나이가 있으신데 놀라면 쓰러질 수 있으니 재빨리 말했다. "엄마, 나야… 갈비뼈가 너무 아파서 앉아 있는 거야" 다시 방에 들어가 빨리 잠들기를 바라며 갈비뼈를 부여잡고 울면서 잠을 잤다. 그러다 기침이 나오면 다시 깼다. 선잠의 연속이었다. 드라마나 영화에서 극심한 고통에 울부짖으며 '더 강한 진통제를 놔주세요!'라고 외치는 말을 나도 외치고 싶었다.

그리고 다음 날 병원을 한차례 더 가고 주사를 한 번 더 맞았다. 투병 셋째 날 아침이 왔다. 기침도 여전하고 말을 할 때마다 쉰 소리가 났지만 전날보단 한결 괜찮아졌다. 몸을 움직여도 아프지 않고, 누가 힘껏 밟고 지나간 느낌도 없었다. 그러니 하루 사이에 세상이 달라 보였다. 아름답기까지 했다. 몸이 건강해야 뭐든 할 수 있다. 그걸 알면서도 우린 소홀히 한다. 건강하려면 마음을 편하게 먹고 즐겁게 살아야 한다. 회사에 사표를 내고 나서 깨달은 것을 이렇게 아프고 나서야 다시 깨달았다. 이렇게 아팠다 살아나면 건강의 소중함을 깊이 깨닫는다.

혼자 하는 개인 카페 사장은 항상 건강을 잘 관리해야 한다. 매일매일 원두의 컨디션만 체크하지 말고 내 몸의 컨디션도 파악하자. 원두의 컨디션이 좋을 때는 추출할 때 에스프레소가 한쪽으로 치우치지 않고 잘 나온다. 포터필터 바스켓에 담겨 있는 원두가루에 템퍼로 적당한 압력을 가하고 머신에 장착하면 포터필터의 더블 스파웃에서 에스프레소가 거의 동시에 '쪼로록' 하며 나온다. 우리도 몸과 마음의 컨디션을 항상 체크하고 일상에 적당한 압력으로 균형을 잡고 살아야 한다.

장기적으로 무언가를 버티며 할 수 있게 하는 것이 바로 체력이다. 체력이 약해지면 자꾸 편한 것만 하게 되고, 뭔가를 해 나갈 의지가 점점 상실된다. 카페 사장은 음료를 제조해야 하고, 손님과 마주 서서 응대도 해야 한다. 장기적으로 카페를 운영하려면 운동으로 건강과 체력을 관리해야만 한다. 운동을 외부에 나가서 하지 못한다면 집에서라도 꾸준히 하자. 건강해야 에너지가 넘치고 그 에너지가 손님에게 전해진다. 사람은 서로 에너지를 주고받는 존재다. 그렇게 주고받은 좋은 에너지로 카페 안이 활력으로 충만해진다. 카페 사장이 건강해야 카페도 건강하다.

# 미스터리 일상다반사

카페에는 많은 사람들이 찾아온다. 우연인 듯 필연인 듯 알 수 없는 미스터리한 일이 시시때때로 일어나는 곳이다. 그런데 이것은 내 카페에서만 국한되어 있는 일이 아니다. 무엇인가를 판매하는 곳에서 일어나는 비일비재한 미스터리한 일이기도 하다. 왜 그런지는 잘 모르겠지만, 자영업을 하는 사람들은 모두 고개를 끄덕이며 공감할 것 같은 미스터리들을 소개한다.

첫 번째, 손님이 손님을 데리고 온다. 한가하다가 꼭 한 사람이 들어오면 같이 온 것처럼 몇 초 뒤에 또 들어온다. 그리고 5분도 안 되어 홀이 꽉 찬다. 더 이상 자리가 없어 손님이 못 들어온다. 손님을 데리고 오는 손님 유형이라고나 할까?

두 번째, 한 분이 주문하고 메뉴를 테이크아웃 해서 나가면 또 다음 손님이 들어온다. 이 손님이 커피를 받고 나가면 바로 또 다음 손님… 이렇게 차례대로 손님이 들어온다. 마치 번호표를 뽑고 기다리는 대기자처럼 손님이 방문하는 날이 있다. 조금도 쉴 틈이 없다.

세 번째, 아메리카노는 기본이지만 그날 유난히 잘 나가는 다른 메뉴가 있다. 어떤 날엔 녹차라떼가 많이 팔리고, 어떤 날엔 초코라떼 주문이 빗발친다. 왠지 모르게 그 메뉴가 당기는 날이 있는 것인지. 이것도 미스터리다.

마지막으로 매우 한가하다가 내가 밥을 먹으려 하면 손님이 온다. 홀로 영업하는 자영업자가 끼니를 챙기기란 힘들다. 그래서 저녁식사를 위한 브레이크 타임을 만들었다. 점심을 패스하고 하루에 두 끼만 먹는 나에게 저녁 끼니를 거르는 것은 힘든 일이기 때문이다. 불안하게 식사를 하느니 문을 잠시 닫고 식사를 하고 온다. 다 먹고살자고 하는 일이기에.


어느 날은 지인이 카페로 찾아왔다. 가벼운 이야기로 안부를 묻다가 그동안의 삶을 이야기하며 진지한 대화가 시작되었다. 그런데 여기서 신기한 일은 이렇게 무엇인가를 진지하게, 깊게 대화를 나눌 때에는 손님이 오지 않는다는 것이다. 마치 밖의 세계와 단절된 것처럼, 시간이 정지된 것처럼. 오직 상대와 이곳에서 이야기를 나누는 시간만 흘러가는 것처럼 느껴진다. 이런 일이 매번 일어나면서 이런 것들이 우연이 아님을 깨달았다. 그래서 언젠가부터는 이야기가 마무리될 즈음에 이렇게 이야기하곤 했다. "너랑 이야기하라고 손님이 안 오는 거야~! 네가 이 문을 나가면 손님이 들어올 거야." 내 이야기를 듣고 반신반의했던 그 친구는 자기가 카페 문을 나서자마자 손님이 들어오는 것을 보고 깜짝 놀랐다. 이런 일이 매번 일어나면서 이제는 감이 온다. 이후에 똑같은 사람이 비슷한 시간에 방문했을 때 손님이 홀 안에 많은 것을 보고 내 이야기가 진실임을 확인하는 것도 재미난 일이다.

# 상식이 통하는 사회란

그날은 오후 4시까지의 매출이 최근 세 달 사이 최고점을 찍은 날이었다. 날씨도 매출도 아주 화창한 날이었다. 카페 내부를 정리하면서 한가한 시간을 보내고 있었는데, 오후 4시 30분쯤 여자 손님이 한 분 오더니 주문을 했다.

"커피 50잔을 주문하려고 하는데 가능한가요?"

"50잔이요? 네! 됩니다!"(야호! 오늘 최고 매출을 찍는구나)

"아이스 아메리카노 30잔 하고요, 아이스 카페모카 20잔 주세요."

"커피 드시는 단체가 어디인가요? 몇 시까지 만들어 드리면 될까요?"

"학생들 주려고요. 8시 30분까지 만들어주시면 돼요."

"아이스로 만들면 좀 녹을 수도 있는데 어디로 가지고 가시나요?"

"차 타고 10분 거리예요. 제가 차 가지고 올 거예요."

"그럼 8시 30분까지 만들어 드릴게요! 18만 원 계산해주시면 됩니다."

"아, 그런데… 제 차가 견인이 되었어요. 백운역으로 가져갔다고 하는데 여기서 걸어갈 수 있는 거리인가요?"

"백운역은 부평역 다음이에요. 여기서 전철로 11분 걸려요. 대로변에다 차를 세우셨나요?"

"제가 지갑이 차에 있어서 지금 결제를 할 수가 없네요. 차를 찾고 바로 송금해 드릴게요. 여기 제 전화번호 드릴 테니 계좌번호를 문자로 보내주세요."

"네~ 계좌번호 문자로 보낼게요! 그런데 송금은 언제 해주실 수 있죠~? 송금해주시면 바로 준비 들어갑니다!"

"차 찾고 바로 입금할게요. 사장님 전화번호도 적어주세요."

"여기 제 전화번호구요. 송금해주시면 8시 30분까지 만들어 드릴게요!"


손님이 나간 뒤에 계좌번호를 문자로 보냈지만 바로 답신이 오지 않았다. 한 시간이 지나서도 답신이 없었고 송금도 하지 않았다. 문득 카페에 오면서 지갑을 가지고 오지 않은 것이 이상한 느낌이 들었다. 백운역도 모른다는 사람이 뒷골목인 이곳까지 와서 단체주문을 한 것도 수상했다. 뭔가 이상한 기운이 스멀스멀 올라왔다. 그렇지만 '이렇게 기분 좋은 날에 설마?'를 되뇌며 이상한 기운을 애써 모른 체했다. 조금 더 시간이 흘렀다. 컵과 홀더 등을 본격적으로 준비하기 전에 적어준 번호로 전화를 했다. 그런데…

"이 전화는 당분간 착신이 금지되어 있습니다."

이건 무슨 상황일까? 도대체 왜? 이게 무슨 일이지?! 뭔가 이상한 낌새가 정확히 들어맞는 것을 보니 화가 나지도 않았다. 녹화된 CCTV를 보았더니, 견인된 차를 찾으러 가려면 전철역으로 가야 하는데 그 손님은 반대 방향으로 발걸음을 옮기더니 다시 시장 쪽 샛길로 빠졌다. 그 샛길은 어느 정도 이 동네를 아는 사람만 빠지는 길이다. 이곳에 처음 왔다고 했던 사람이 스스럼 없이 갈 방향은 아니었다.

이 일을 통해 세상에는 별난 사람들이 많다는 것을 새삼 또 느꼈다. 뒷골목에서 10평짜리 카페를 운영하는 영세업자에게 무슨 악감정으로 이런 사기를 치는 것일까. 태연하게 이야기하는 것이 한두 번 해본 솜씨가 아닌 듯하다. 결제와 송금을 누차 이야기하는 나를 보며 그 사람은 자기 뜻대로 일이 진행되지 않을 것을 예감했을 것이다. 그래서 빠르게 마무리를 짓고 카페를 떠나기 위해 계좌번호를 문자로 보내달라고 했던 것 같다. 그 앞에서 확인 전화를 해보지 않은 것이 아쉬웠다. 더군다나 손님이 나가고 나서, 차가 견인됐다는 이야기에 깊이 공감을 못 해준 것에 대해 미안함을 느꼈던 내 오지랖도 억울해졌다.

이 50잔 사기 행각에 대해 지인한테 이야기했더니, 자기였으면 오늘 어려우면 내일 송금해달라고 하거나 송금이 되지 않았어도 미리 음료를 만들고 있었을 거라고 했다. 마음을 단단히 먹어야 한다. 마음을 놓는 순간 최고 매출로 기분 좋은 날 이렇게 훅 하고 사기를 치러 온다.

어쨌든 이 일로 인해 얼굴을 아는 친근한 단골이 아니라면 꼭 선결제를 받자는 교훈을 얻었다. 예약이란 것은 요청하는 사람이 자신의 편의를 위해서 하는 주인과의 약속이다. 정말 불가피하게 취소하려면 주인에게 피해가 가지 않는 시간에 취소를 해야 한다. 본인 편하자고 예약해놓고 주인이 고스란히 피해를 안고 가는 것은 주인 입장에서 너무 억울한 일이다. 이렇게 노쇼가 사회적인 문제가 되고 있다. 그러니 단골손님이 아니라면 선결제를 받는 것이 피해도 입지 않고 마음 상하지 않는 방법이 아닐까.

5개월쯤 지나서였을까? 어느 날 오후, 한가롭게 주방을 정리하고 있는데 한 여자 손님이 들어와서 나는 반갑게 인사했다.

"안녕하세요!"
"여기서 커피 마실 수 있나요?"
"네? 네! 마실 수 있습니다!"

내가 대답하자마자 그 손님은 살짝 나를 응시하는가 싶더니 그냥 나가버렸다. 나는 직감적으로 알았다. 전에 50잔을 주문했었던 그 여자 손님이었다. 이미 처음 들어올 때부터 뭔가 이상한 느낌이 왔는데 대뜸 저 질문을 하고 나가버리니 확신이 들었다. 머리 스타일도 바뀌고 얼굴은 살이 빠진 듯 보였지만, 그 사람이 분명했다. 5개월 만에 다시 이곳을 찾고, 그 일을 수행

하려 했지만 내가 여전히 이곳에 있으니 가버린 듯하다. 미루어 짐작하건대 지난 5개월의 시간 동안 그 여자는 여전히 사기 행각을 벌이고 다닌 것 같다. 쓸쓸하기도 하고 왜 그러고 사는지 안타깝기도 하다가 내 얼굴을 보고 놀라서 간 것이 생각나 실소가 나온다. 이곳에 또 왔다는 것은 그사이 어딘가에서 성공적으로 일을 마무리하고 희열을 느낀 것일까? 그때의 전화번호로 연락을 해보고 싶다. 아직도 착신 금지일까?

# 단골손님과 세월을
# 같이하는 카페가 되길

　손님이 오고 가다가 어느새 단골이 되고, 시간이 흐르면 단골손님이 점점 많아진다. '그곳에 카페가 있다'고 기억해주는 사람도 많아진다. 그렇게 기억하는 사람이 점점 많아질수록 그곳이 존재할 수 있는 힘이 된다. 손님들의 발걸음이 쌓여서 하나의 가게가 생기게 되는 것이다. 창업은 나 혼자 했지만 카페를 만들어 나가는 것은 나 혼자만의 일이 아니다.

　그런데 과연 누가 단골이 되는 걸까? 한 번 온 손님이 단골이 되려면 어떻게 해야 할까? 간단하지만 어려운 답이 있다. 바로 진심을 다하면 된다. 진심을 다한다면 모든 손님이 단골이 될 수 있다.

　"저 오늘 이사 가요."

"저 오늘부로 회사 그만뒀어요."

　가끔씩 단골손님은 이렇게 말하며 카페를 방문한다. 이어지는 말은 "이제 못 올 것 같아요…." 단골들이 떠나간다는 사실에 아쉽고 만감이 교차한다. 그래도 이 작은 카페로 찾아와서 소식을 전해주는 그 마음에 소소한 감동이 느껴진다. 이 작은 카페가 그분들의 마음에 기억되고 있다는 것이 감사하다. 내가 진심을 다한 것을 손님들도 마음으로 알고 있구나 하는 느낌이 든다. 카페에 와서 종종 자신의 근황과 소소한 이야기를 들려주는 이들이 있기에 마음이 따뜻하다. 지인뿐만이 아니라 단골손님까지도 말이다. 일부러 시간을 내어 이 뒷골목 카페까지 커피를 마시러 오는 이들이 너무나 감사하다.

　카페 안에서 단순히 무언가를 마시며 시간을 보내는 것만이 아니라 감성을 느낀다는 것은 무엇일까. 음료든 분위기든 모든 것에서 만족감을 주어 카페에 친밀한 느낌을 갖게 한다면, 일회성 관계가 아니라 친밀한 관계로 이어져 단골이 된다면, 그 카페는 손님에게 주변에 있는 다른 카페와는 다른 특별한 카페로 남을 것이다. '친한 카페'가 되는 것이다. 뒷골목 카페와의 우연한 만남을 지속된 인연으로 만드는 것은 오로지 카페 사장의 몫이다.

　세월이 가고 오래된 카페가 되고 단골손님도, 새로 온 손님도 계속 카페를 찾아온다. 카페의 흐르는 시간 속에서 함께하는 단골이 되는 것이다. 그렇게 세월이 흐른다. 그러다 보면 뭐든 생기고 사라지는 주기가 빠른 요즘 시대에 'since. 2016'이라고 붙일 수 있게 되는 시기가 온다. 그렇게 2016년 이후로 세월이 흐르고 흘러 한참 지난 뒤에도 카페에 있던 순간이 손님에게 기억되기를 바라본다. 오가는 손님에게 이곳이 행복한 공간으로 기억되는 곳이었으면 좋겠다. 미소 짓는 추억이 되었으면 좋겠다.

나는 계속 이곳 7번길에 있을 것이고(사람 일은 알 수 없다는 걸 요즘 들어 더 깨닫지만…), 나의 순간과 손님의 순간이 만나 함께한 소중한 기억이 되면 좋겠다. 그렇다면 참 행복한 일이다. 커피를 사가며 했던 나와의 대화가 비록 사소한 것일지라도, 그 순간들이 모여 이 카페가 좋은 기억으로 남길 바란다.

순간들이 쌓이고 쌓여 오랜 시간이 쌓인 이 공간에 먼 훗날에도 내가 여전히 있기를. 나는 이곳에서 좋은 시절을 보내고 있다. since. 2016 CAFE 7번길.

# 바들바들 1년만
# 버텨보자!

　나는 새로운 것에 호기심이 많고, 하고 싶은 것은 해야 직성이 풀리는 성격이다. 그러다 보니 많은 것을 시도해보고 그것에 익숙해져보기도 했다. 이런 과정 속에서 내 머릿속에 저장되고 각인된 것이 있다. '처음이라 그런 거야' '시간이 해결해줄 거야' '계속 열심히 하면 시간이 지금의 힘듦을 해결해줄 거야'라는 법칙 같은 것이다.

　익숙해진다는 것이 말은 쉽지만 참 고된 일이다. 그러나 계단을 하나 '짠' 하고 올라섰을 때의 희열은 그 무엇보다도 크다. 모든 일은 산처럼 비스듬한 능선을 타고 올라가는 것이 아니다. 지지부진해 보일지라도 한없이 평지를 걷다가 갑자기 한 계단에 올라서는 시점이 온다. 대부분 습득되는 것은 그런 과정을 겪는다.

기억나는 것을 예로 들어보면, 영상 프로덕션에서 일할 때 처음에는 30초 짜리 영상편집 하는 데 밤새 6시간이 걸렸다. 그렇지만 자주 하다 보니 시간이 흐른 후 30초 편집 따위는 그냥 툭툭 해치우게 됐다. 마라톤 입문 전에는 5분 달리기도 힘들었다. 조금만 뛰어도 폐가 튀어나올 정도로 헉헉거리던 내가 매일 달리기를 연습하니 10km를 쉼 없이 뛰어서 1시간 50초에 들어오게 되었다.

뜬금없이 떠났던 뉴질랜드에서 1년 동안 쿠킹스쿨에 다녔을 때였다. 나 빼고 모두들 요리에 익숙한 것 같았다. 매일 그날의 요리를 한정된 시간 안에 만들어내야 했다. 몇 분 남지 않았을 때마다 셰프는 빨리 가져오라고 큰 소리로 다그쳤고 그 소리에 항상 심장이 쿵쾅댔다. 그 스트레스를 이겨내고 1년이 다 되어가는 시점에는 꽤 빨리 만들어냈다. 그곳에서도 1년 과정을 버티니 식재료의 특성을 이해하고 칼질하는 것이 익숙해졌다.

한국에 돌아와서 프랜차이즈 베이커리에서 제빵기사로 일하던 때도 그랬다. 2평 남짓한 주방에서 빵 만드는 일이 어찌나 고되던지… 매장에 내놓을 빵과 케이크를 다 만들더라도 그게 끝이 아니었다. 단체주문으로 들어온 100개가 넘는 모카빵이나 크로크무슈를 만들어내야 하는 일이 종종 있었다. 시간의 압박을 느끼면서 빵을 만드는 일이 초보 기사에게는 눈물 나게 힘들었다. 크로크무슈를 만들기 위해 전날 큰 양파 수십 개를 다듬을 때는 내 눈에서 나오는 눈물이 양파 때문인지 내 마음 때문인지 알 수 없을 정도였다. 그런데 그렇게 매일 하던 것이 익숙해지더니 6개월 정도 됐을 때는 빠르게 빵을 만들고 있는 나를 보게 되었다. 그러다 반 년이 더 지나고 개인사정으로 그만둘 무렵에는 날아다니며 빵을 만든 듯하다.

　나는 내향적인 사람이다. 모순적이지만 그럼에도 내가 좋아하는 일들은 내향적 성향으로는 잘할 수가 없는 일들이었다. 그러다 보니 직업을 갖고 일하는 과정 중에 훈련이 되어서 외향적인 사람으로 어느 정도 변화되었다. 그럼에도 불구하고 내 안에는 내향적인 본성이 흐르고 있다는 것은 어쩔 수 없지만 말이다.

　처음엔 카페에 찾아온 손님에게 메뉴 설명을 하면서도 속으로는 안절부절못했다. 쓸데없는 부끄러움이 갑자기 튀어나오면서 이것저것 물어보는 손님과 대면해서 대답하는 것이 익숙하지 않았다. 외향적인 모습의 나를 보는 사람들은 이게 무슨 말이냐며 웃기도 하겠지만 나는 타고난 기질이 그런 사람이다. 그러지 않은 척하는 것뿐이다. 자주 봐서 익숙해져야 마음이 편안해진다. 그런데 카페에서는 익숙하지 않은 처음 보는 사람들을 내 의지와는 상관없이 끊임없이 봐야 하는데, 그것도 내가 통제할 수 없이 마음먹을 준비도 없이 대책 없이 대면해야 하고, 이것저것 질문공세가 시작되면 무척 당황스러웠다. 그렇지만 이것도 일 년이 지나고 이 년이 가까워지니 익숙해졌다. 익숙하지 않은 커피 분야의 질문을 받게 되면, 미리 준비하지 못하고 즉흥적으로 답변을 해야 했기에 개업 초기에는 당황스럽고 쑥스러웠던 것 같다. 그렇게 계속 겪으면서 질문에 대한 답변 매뉴얼을 하나씩 만들어갔다. 시간이 흐르고 손님의 질문 내용은 한정되어 있어서 이제는 처음 보는 손님에게 무언가 설명을 할 때도 두근거리지 않는다.

그러려니 하며 익숙해진 것이 또 있다. 개업 초기에는 '이런 일이 시시때 때로 일어나는데 네가 여기서 감당할 수 있겠어?' '네가 이곳에서 버틸 수 있겠어?'라고 하는 듯한 당황스러운 일이 일어나곤 했다. 그런데 이제는 그런 일이 일어날 때마다 웬만한 것은 허허허 웃어넘길 수 있게 됐다.

카페라는 곳은 오픈된 곳이기에 그만큼 많은 일이 일어나는 곳이다. 지금은 내가 익숙해져서 별일 아닌 것으로 치부하는 그런 것도 있지만 개업 초기에는 정말 별의별 사람들이 다 왔다 갔다. 참 어려운 손님도 개업 1년 안에 다 왔다 간 것 같다. 그러다 보니 이제는 '아니, 도대체 나한테 왜 그러세요?'에서 이성적 판단과 감정을 떼어놓고, '그래요~ 하고 싶은 대로 하세요'로 생각이 바뀌었다. 이 손님이 그러면 그러려니. 저 손님이 저러면 저러려니. 그냥 그러려니 하고 사는 것이다.

어찌 보면 카페 안에 있는 것 자체가 수양(修養)의 과정이다. 다만 산속 암자에서 깨닫는 것과 다른 것은 혼자 마음을 갈고 닦는 것이 아니라, 많은 사람들을 겪으면서 훈련되고 그곳에서 얻는 깨달음이란 것이다. 살아 숨 쉬는 깨달음이라고 할까.

모든 것은 익숙해지는 것이 문제다. 익숙해지면 별다른 불편함을 못 느낀다. 단지 그 과정에 어려움이 있을 뿐이다. 우리는 이것을 겪어내는 데 참을성이 좀 필요하고 긍정적인 마인드도 필요하다. 또한 시간의 흐름과 채움이 필요하다. 포기하지 말고 익숙해지며 성장했으면 좋겠다. 무엇이든지.

# 꿈꾸는 1번길 골목

카페를 오픈하고 시간이 흘렀다. 나와 비슷한 시기에 오픈한 근처 카페에 '임대'라고 적힌 종이가 붙었다. 그리고 얼마 지나지 않아 또 다른 가게가 들어섰다. 햇수로 4년째 내가 이곳에서 버티고 있는 것이 어찌 보면 기특한 일일까?

지속되는 경기불황에 모두 힘든 것은 마찬가지일 것이다. 그 와중에 자영업은 더 어렵다. 무엇이 어디서부터 꼬였는지 모르는 이 시대에 자영업 사장님이란 참 힘든 직업이다. 회사에 다닐 때 시무식 때마다 회장님이 하시는 말씀에 큰 감동을 받곤 했었다. 회장님은 시무식 연설 때마다 우리가 더 노력하여 이 힘든 경기불황을 헤쳐나가야 한다고 했었다. 전국의 각 점포 점주님들의 생계를 위해 우리가 더 노력해야 한다고 했었다. 그런데 그것이 2년,

3년, 4년, 5년… 해마다 되풀이되는 연설임을 연차가 쌓이면서 깨달았다. 해마다 경기는 나아지지 않았다. 회사가 생긴 지 30년이 되어갔지만 예전의 사보를 찬찬히 훑어보면 30년 동안 경기는 나아지지 않았다. 항상 본사 사람들은 각성해야 했고 더 열심히 뛰어야 했다. 이것은 무엇을 이야기하는 걸까. 세월이 흘러도 끝이 보이지 않는 경기불황에서 우리는 무엇을 할 수 있는 것일까.

나와 비슷한 시기에 시작했던 주변의 카페들이 1, 2년도 안 되서 다 문을 닫았다. 이것은 경쟁자가 포기했다는 뜻이다. 전쟁터 같은 카페공화국에서 내가 살아남았다는 안도감보다 그런 가게가 하나하나 늘어갈 때마다 내 마음도 씁쓸하고 슬픈 마음이 든다. 1년 뒤에 폐업한다는 것을 개업할 때 상상하는 사장이 있을까? 하루 평균 2,500여 개 업체가 폐업하는 이 시대의 현실에서 과연 나도 괜찮은 걸까? 그곳에 내가 줄 서 있다고 생각하면 마음이 불편하다.

요즘의 자영업은 생계를 위한 과도한 경쟁체제라고 할 수 있다. 내가 먹고살기 위해서 남이 먹고사는 밥그릇과 경쟁하는 것이다. 왜 이런 경쟁을 해야 하는 것일까. 지인이 카페를 창업한 적이 있었다. 처음에는 주변에 그 카페 딱 하나밖에 없었다. 처음에는 장사가 쏠쏠했다. 그러다 몇 년 뒤 주변에 카페가 하나씩 늘기 시작했다. 그리고 4년을 꽉 채운 뒤 폐업을 결정했던 그때에는 50m도 안 되는 짧은 골목에 카페가 4곳이 생겼다. 남이 먹고살기 위해 카페를 개업한다니 이미 하고 있는 카페 사장이 뭐라 할 수는 없다. 카페가 모여 있는 곳이 더 잘될 수는 있다. 그렇지만 이미 있는 가게의 손님을 나누자는 마음으로 또는 모두 데려가겠다는 마음으로 들어서는 것은 참 안타깝다.

한 사람이 치킨을 먹는 양은 일정한데 치킨집만 주변에 계속 늘어 힘들다는 치킨집 사장님의 쓸쓸한 말이 귓가에 맴돈다. 회사를 그만두고 외식업을 몇 년간 했던 지인에게 오랜만에 연락이 왔다. 지금 하는 외식업을 접고 치킨집을 하고 싶다고 했다. 나는 주변에 치킨집이 많을 텐데 다른 걸 해보는 것이 낫지 않겠냐고 전했다. 나의 말에 지인은 이렇게 대답했다. "주변 치킨집들 다 이겨야지."나는 지인에게 그런 마음으로 시작하는 현실이 슬프다고 했다. 무엇으로 일을 시작하여 살았든 '기.승.전.치킨집 사장'이라는 웃기도도 슬픈 우스갯소리처럼 다들 어느 하나도 물러설 수 없는 생계를 위한 전쟁을 하고 있다. 남이 사라져야 내가 살 수 있다. 그야말로 생계가 걸린 실전 치킨게임이다. 이건 남 일이 아니다. 치킨공화국이나 카페공화국이나 삶은 녹록지 않다.

이 7번길 거리가 더 번화해진다면, 카페가 또 들어올까? 내 맘대로는 되지 않겠지만 이 골목상권에 카페가 아닌 다른 새로운 것들이 들어왔으면 좋겠다. 나는 이 7번길이 서로 먹고살기 위해 경쟁하는 길은 아니었으면 좋겠다. 서로가 힘이 되는 그런 길이 되었으면 좋겠다. 서로 다른 것을 하고 있는 작은 가게들이 모여 있는 곳, 이 동네에 사는 사람들이 즐거움을 나누는 길이 되고 행복한 동네가 되었으면 좋겠다. 모두 각자의 가게에서 최선을 다하고 한배에 올라탄 오너들이 다 같이 꿈꾸는 7번길이 되었으면 좋겠다. 이곳에 사는 사람들이 소소하고 즐겁게 행복한 일상을 공유하는 동네가 되었으면 한다.

내가 이런 생각을 갖는 것은 단지 이곳이 나의 일터나 내 삶의 한정된 공간이 아니라, 정말 이곳에 살고 있기 때문인 것 같다. 어렸을 때부터 이곳을 보고 자라고, 계속 이곳에 거주하며 또한 이곳에 자리 잡고 일하고 있기 때문이다. 단순한 일터가 아닌 나의 삶의 대부분을 차지하는 공간이고 그 공간이 있는 길이기에 이렇게 깊은 정이 가는 것 같다. 나와 같이 나이 든 이 길이 더 잘되길 바란다.

오늘도 여전히 내가 꿈꾸며 살듯이 이 길이 꿈꾸는 7번길 골목이 되었으면 좋겠다. 그리고 즐겁게 살아갈 작은 가게들이 나와 함께 있었으면 좋겠다. 이렇게 7번길 카페에서 나는 꿈을 꾼다. 그것이 나를 이곳에서 버티게 한다.

에필
로그

본격적으로 이 책을 쓰기 시작했을 때가 카페 사장 1년 차가 마무리되고 2년 차가 시작될 즈음이었는데, 지금은 벌써 창업한 지 만 3년이 되었다. 스스로를 돌아보니 작년의 나보다 많이 달라졌다. 바리스타로서 달라진 점이 있다면 커피에 대한 유연함이다. 처음에는 매뉴얼이 머리에 장착된 채로 정답만을 가지고 운영했다(유연함을 가졌다고 생각했었지만…). 지금은 기준은 있지만 정답은 없다고 생각한다. 그렇다고 기본이 무너지는 유연함을 말하는 것은 아니다. 변화는 있어도 기본의 변함이 없으면 된다.

카페 사장으로 살면서 전과 달라진 점이 있다면 예민함이 줄었다는 것이다. 신경 쓰이는 무엇인가를 발견했을 때 이제는 그것을 무디게 볼 수 있다고 말하는 게 적당하겠다. 기질은 예민하지만 바라보는 시선이 달라진 것이다. 카페를 하면서 둥글둥글하게 변한 건 틀림이 없다. 또한 사무실에서 직장인으로서 자영업을 바라보는 것과 현장에서 직접 해보는 것은 차이가 있었다. 카페 운영의 디테일에서 내가 중요하다고 생각했던 것들이 손님에게는 그다지 크게 중요하지 않은 것이 많았다. 그러다 보니 이제 쓸데없는 디테일에 집착하지 않게 되었다. 괜한 고집은 내려놓고 카페 운영에 대한 유연함이 생겼다. 그래서 마음에 여유를 가지고 운영해나가고 있다.

카페를 운영하며 글을 쓰는 동안 참 많은 사람들과 함께했다. 이 책을 보며 "나랑 이야기했던 거네?" 할 수도 있고 "어? 내 이야기네?" 할 수도 있다. 글 전반에 많은 사람들이 함께한다. 나와 함께한 사람들이 아니면 이 글을 제대로 마칠 수 없었을 것이다. 그들과 함께였기에 글을 쓸 수 있었다. 각각의 글을 쓸 때마다 사람들은 나에게 반짝이는 영감을 주었다. 내가 보고, 듣고, 말하는 것들과 나에게 일어나는 모든 일들이 글을 위한 것이 되었다.

개업 직전을 회상하며 처음 글을 쓸 때만 해도 '인생은 혼자 사는 거다', '인간은 고독한 존재다'라는 말을 했다. 그런데 글을 마무리할 시점에 와서는 '인생은

함께하는 것이다', '함께하는 것이 좋은 것이다'라고 말하고 있는 나를 보았다. 이
제야 사람이 왜 함께 살아야 하는지를 진정으로 깨닫게 된 걸까? 여전히 나의 신
상에 큰 변화는 없다. 눈에 보이는 변화는 없지만 나는 이 7번길 카페 안에서 많이
성숙해져 가고 있다고 말하고 싶다. 그리고 더 성숙해질 것이라고 믿고 싶다.

　글을 마치며 나와 함께한 사람들에게 고맙다고 말하고 싶다. 특히 나와 함께하
고 있는 기도의 동역자들도 진심으로 감사하다. 또한 이 뒷골목 카페를 자주 찾아
주시는 단골손님들에게도 '정말 감사합니다'라는 말을 하고 싶다. 그리고 아직도
집을 떠나지 않는 나이 든 딸이 카페 일에 전념할 수 있도록 도와주시는 사랑하는
부모님께도 감사의 말씀을 전한다.

　그리고 카페가 되었든 무엇이든 창업을 준비하는 예비 사장님들에게 응원의 말
을 전하고 싶다. 나도 이렇게 바들바들 혼자, 자영업을 오늘도 꾸려나가고 있고
당신은 혼자가 아니라고.

　다들 어딘가에서 잘 버텨나가길 바라며….